D1746242

Das Ehrenbuch der Fugger

Die Babenhausener Handschrift

VERÖFFENTLICHUNGEN
DER SCHWÄBISCHEN FORSCHUNGSGEMEINSCHAFT
Reihe 4   Band 30/2

STUDIEN ZUR FUGGERGESCHICHTE
Band 39/2

Herausgegeben von
JOHANNES BURKHARDT

Das Ehrenbuch der Fugger

Die Babenhausener Handschrift

Gedruckt mit Unterstützung der Fürstlich und Gräflich Fuggerschen Stiftung

Abbildung Umschlag vorne: Das Ehrenbuch der Fugger, Babenhausener Handschrift,
Gesamtansicht Vorderseite
Abbildung Umschlag hinten: Das Ehrenbuch der Fugger, Babenhausener Handschrift,
Gesamtansicht Rückseite

Bibliografische Information Der Deutschen Bibliothek

Die Deutsche Bibliothek verzeichnet diese Publikation in der Deutschen Nationalbibliografie; detaillierte bibliografische Daten sind im Internet über http://dnb.ddb.de abrufbar.

ISBN 3-89639-445-2

© Wißner-Verlag, Augsburg 2004
www.wissner.com

Repros, Satz und Konzeption: Wißner-Verlag
Druck: Joh. Walch, Augsburg

Das Werk und seine Teile sind urheberrechtlich geschützt. Jede Verwertung in anderen als den gesetzlich zugelassenen Fällen bedarf deshalb der vorherigen schriftlichen Einwilligung des Verlages.

Zur Einführung in die Reproduktion der Handschrift

Das *gehaim Eernbuch Mans stammens vnd Namens des Eerlichen vnd altloblichen Fuggerischen Geschlechts* wurde um 1543 von Hans Jakob Fugger (1516–1575) in Auftrag gegeben. Der Augsburger Schustermeister und Ratsherr, später Ratsdiener und Geschichtsschreiber Clemens Jäger (1500–1561) besorgte die historischen Recherchen und schrieb das Buch auch selbst. Für die Buchmalereien engagierte man die Werkstatt Jörg Breus des Jüngeren (ca. 1510–1547). Nach zweijährigen Vorarbeiten entstand von 1545 bis 1549 die prächtige Handschrift mit ihrer Porträt-Genealogie aller Linien des Hauses Fugger.

Nach dem *Fundator* Hans Jakob Fugger und seiner ersten Frau Ursula von Harrach beginnt mit Hans und Ulrich Fugger, die um 1370 von Graben nach Augsburg eingewandert waren, die bebilderte Genealogie. Es fehlen der Vater Hans und der Bruder Klaus, die in Graben blieben. Deshalb ist die Zählung der Linien gegenüber der modernen Generationenzählung um eine Ziffer verschoben. Zu den beschrifteten Porträts und Wappen wurden bei allen männlichen Nachkommen, soweit sie nicht jung oder ledig gestorben oder geistlich geworden waren, und bei allen zur Zeit der Entstehung noch unverheirateten Söhnen gerahmte Textseiten für biographische Notizen und genealogische Fortsetzungen eingebunden.

Hans Jakob Fugger war von seinem Onkel Anton Fugger zum Nachfolger bestimmt worden. Zugleich übernahm er zu dessen Lebzeiten die politische Repräsentation des Hauses. Eine langfristige Krise des Fuggerschen Handels führte jedoch nach dem Tod Anton Fuggers zum Bankrott Hans Jakobs und schließlich zur Abwanderung an den Bayerischen Hof.

Der Auftraggeber war maßgeblich an der Planung und Konzeption des Ehrenbuchs beteiligt. Ob aber der Codex letztlich tatsächlich in seinen Besitz gelangte, ist nicht gesichert. Die Handschrift ist nicht in seiner weitverzweigten Nachkommenschaft überliefert, sondern in der seines jüngeren Bruders Georg und dessen Sohnes Philipp Eduard. Um 1778 wurde die Handschrift aktualisiert: Die *Genealogische Deduction Der Herren Grafen Fugger Weißenhorn-Kirchbergischen Astes Bis auf izige Zeiten* umfaßt in sechs Generationen die Weißenhorner Linie der Fugger von Kirchberg und Weißenhorn. Wohl zu diesem Zeitpunkt wurde das Ehrenbuch neu gebunden und erhielt auch einen neuen Einband, der bis heute erhalten blieb.

1811 verkaufte Graf Johann Nepomuk Friedrich Fugger von Kirchberg-Weißenhorn-Brandenburg den Codex an seinen ehemaligen Vormund, den Fürsten Anselm Maria Fugger zu Babenhausen. Die Handschrift befindet sich heute im Besitz des Fürsten Fugger-Babenhausen.

Die vollständige Reproduktion der Babenhauser Handschrift in diesem Band wird ergänzt durch einen Textband. Gregor Rohmann untersucht darin erstmals eingehend die Entstehungsgeschichte und den historischen Hintergrund. Die einzelnen Seiten des Ehrenbuches werden unter kunsthistorischen und paläographischen Gesichtspunkten analysiert, dies auch vergleichend mit den Entwurfspapieren aus dem Germanischen Nationalmuseum Nürnberg. Das gesamte Werk wird als Quelle für die historische Selbstwahrnehmung der Fugger interpretiert. Schließlich wird erstmals der gesamte Text transkribiert und jede einzelne Abbildung beschrieben.

Aus konservatorischen Gründen wurde das Ehrenbuch mit einer hochauflösenden Digitalkamera aufgenommen. Diese neue Technik hat den Vorteil, daß das Buch bei den Aufnahmen nicht vollständig aufgeklappt werden mußte. Die Restaurierungen des Buches im 18. Jahrhundert wurden nicht retuschiert. Ersichtlich wird dies an aufgebrachten Streifen aus Pergamentpapier und an teilweise in den neuen Bund verschobenen Motiven.

Bei der Reproduktion sind die Leerseiten, die den genealogischen Fortsetzungen dienten, eingespart worden. Dadurch ergab sich eine Verschiebung einiger recto-Seiten nach links. Dies ist aus der Abfolge der Folionummern ersichtlich. Bei der handschriftlichen Paginierung der Seiten (siehe jeweils oben außen) war die Ziffer ›349‹ nicht vergeben worden, es wurde mit ›350‹ weitergezählt.

Bernd Wißner, Verleger

Dieses schöne und lustige Familien Dokument wurde mir von meinem
Herrn Urgroßen Prafen Johann Heinrich Friedrich Prafen
zu Kirchberg und Weißenhorn gegen niemandern sonst ange-
sehen ausgaben, zur vermehrung meiner Sammlung von Familien
Urkunden gefälligst abgegeben sten [...] 1811

Wilhelm Maria [...] Fürst zu
Lebenseichen

[ornamental flourish]

Den besten [...] vermehrungswürdigen Johann Jacob
[...]

Hernach volget das gehaim Lernbüch Mans
stamens vnd Namens, des Eerlichen vnd altlob
lichen Fuggerischen Geschlechts, aufgericht A° 1545.

Jhesus　　　　　　　　　　　　　Sirach

RESPICITE AD GENERATIONES ANTI
QVAS·ET VIDE·E·NVM QVIS SPERANS IN DO:
MINVM·CONFVSVS·AVT IN TIMORE ILLIVS
PERMANENS DERELICTVS SIT. ECCLE. II.

*In Speties translata nouas sic omnia
verti Cernimus atq; alias assummere
robora gentes.*

Sehet an das ist das Buch der Eern
Darinn verleibt vil Edler Herren
Die all dem fuggerischen Namen
Sein zugethon vnd pracht zusamen
Durch ainen fugger auserkoren
Von der Lilgen wolgeboren
Welchem vergunt hat Got die gnad
Das ers also geordnet hat
Auf das des fuggerisch Geschlecht
Inn guter gedechtnus pleiben mecht
Derhalb jm billich danck nachsagen
All die fuggerischen Namen tragen
Durch tugent vnd durch redligkait
Vnd die milt holdseligkait
Hat Got die Lilgen hoch erhebt
Das die jetzund in eern lebt
Vnd andern vil guts mögen thon
Des preis ich Got jnn himels Thron
Der wirt die Lilgen nicht verlorn

Gebet.

O Herr himmlischer Vater Allmechtiger guetiger vnd getrewer Got, der du mich sambt meinem gantzen Geschlecht, on allem verdienst, aus lautern gnaden vnd guete, Inn deinen Väterlichen schutz vnd schirm, genomen, vnd durch etlich hundert Jar Jn reichem Erlichem wesen hergebracht, vnnd erhalten hast, vnnd vns von Jugent auf, mit manigfaltiger benedeiung vnd guttha=
ten reichlich fursehen. Vnd letstlich vnser haubt aus dem staub erhebt, vnd andere Völcke zuregiern, beruffen hast. Darumb O Herr Allmechtiger Vater, der du dich nit allain dem Ertzuater Abraham, sonder auch seines Samens ein getrewer Got zusein verhaissen, beruembt vnd angeboten hast. So bitt Jch O lieber Herr mein Got, das du mein vnd meines gantzen Geschlechts ein getrewer Got vnd Vater sein wollest, Alle vnd Jede meines Geschlechts, so die schuld der natur bezalt, vnd aus diser welt ver=
schaiden seind, durch den Prunnen deiner grundtlosen barm=
hertzigkait Jnn der schos vnd rue Abrahe Vaterlichen erhalten. Vnnd aber lieber Herr aller hertzen des fuggerischen Geschlechts, so der zeit leben, oder noch geboren werden, mit deinem hailigenn guten gaist stercken, das die Erbar vnd aufrichtig Jnn allem Jrem thun vnd lassen, vor deinen augen wandlen, Auf das wir Jnn aller Eern die O Herr, als dem waren König der eern, gantz gehorsam Jnn allem guten erfunden werden, durch deinen geliebten Son vnsern Herren Jhesum Christum. Amen.

EXOD. XX. CAP.

Vnd thu gnad an vil Tausenten
die mich liebhabenn, vnnd mei=
ne Gebot haltenn.

Wenn sie nur nit nimmer uf ersehen sey linquer der Jakob gnglaubt haben, wir werden nur aus sie dem weiter tosten? Der andern Söllner nun frauen Nation bevolhen.

Das recht vralt fuggerisch zaichen, welchs der Erber vnd
Furnem Hans Fugger, der dañ der erst fugger in der Stat
Augspurg gewesen, gefiert vnd geprauchet hat. Anno. 1370.

Diseß Zaichen wirt Ulrich fugger vorbemelte Hansen fuggers bruder, gebraucht haben, welchs hernach Jacob fugger des namens der erst angenomen, vnd das sambt seinen Sönē bis auf auspringung des wappens gefiert hat. Anno. 1382.

Das alt fuggerisch wappen von dem Lech, welches Jacob Fugger für jn vnnd alle seine Brueder, von Kaiser Friderichen hochloblicher gedechtnus zu Wien loblichen erlangt vnnd ausgebracht hat. Anno 1462.

So merckt ir herren meine wort
Jnn disem Buch am letsten ort
da seind die flugger von dem Rech
Verleibet schon mit jrem Geschlecht
Welch auch der Lilgen sein verwandt
Mit ehen vnd freüntschafft wol bekant
Jch wais nicht was Jch sagen soll
Im anfang stond Ir sach gantz wol
Hantierten vast Im gantzen Reich
Die Lilg dem Rech was vngeleich
Die Kirchen flugger warens gnant
Aber Got In Ir glück vnnd wandt
Das In Im handel ist misslungen
Des trawret Ir Stam durch alt vnd Jungen
Dargegen den von der Lilgen wirdt
Ir glück an ehen vnd gut gemert
Des preis Ich Ir freywilligkait
Die alzeit durch barmherzigkait
Mit hilff den meinen ist berait

Oportet fata sequi et rerum permutaciones pacienter ferre Volubiles sunt prosperitates humane & diurna bene opum ac diuitiarum duratio.

Gnad frid vnd freud in dem hailigen gaist, wünschet Herr Hans Jacob Fugger, Herr zu Kirchberg vnd Weissenhoren, Römischer kaiserlicher vnd königlicher Maiesteten ɾc. Rat, vnd Fundator dises fuggerischen Eern büchs, allen vnd jeden Eerliebenden, so dem Eerlichen Fuggerischen Namen, mit gesipter freundtschafft vnnd gunst der Eern, jetzund vnd jnn khünfftig zeit zugethon vnnd verwandt sein, von herzenn. Amen.

Wiewol es sich nicht vbel gezimet, das Jch dises fuggerisch Eern büch, auf das nicht allain allerley einred, verthedinget, Sonder auch mit haylliger vnd haidnischer Eerlichen geschrifften vnnd Historien, approbieret wurde, wie dann andere Authores jm eingang jrer Biecher, Jn gebraich gehabt, durch ein schöne lange Vorred, geziert hette. So hab Jch doch aus vrsachen, das die verstendigen vnnd erfarnen, nicht allain die Historien selbs, sonder auch den eerlichen nutz vnd frommen, darinnder verborgen, welche die aufrichtung der Genealogien vnd Geschlecht Blütstammen, als für gut, eerlich vnd nutzlich approbiern vnd erkennen, Zuvor guten bericht vnd wissenn tragen, den leser vnd besichtiger dises Fuggerischen Eernbüchs, mit vilen vmbstenden vnd vorwissenden worten, in diser Vorred nicht beladen, auch nichts anders, dann was zu der sach gehört, auf das kurtzest handlen wollen.

Marcus Tullius Cicero schreibet in seinen Paradoxis, wie das der Tod gantz erschrocken vnd graisam denen menschen seye, mit deren leben sich alle ding enden vnd erleschen, Aber mit nichten denen, welcher Lob in guter gedechtnus beleibt, vnd nimer ersterben mag, Derhalben auf das der Pratt vnd Eerloblich fuggerisch Nam, ab dem Eerlichen Stul zu ter flammenden gedechtnus, nicht verfiele, vnnd als ein vnpolierts Edelgestein, menigclich vnbekant belibe. Habe Jch mich, dieweil mir Got der Almechtig, vor andern meines Geschlechts, die gnad, ein solch Eernwerck aufzurichten, so gnedigclichen verlihen, allain aus warer vnd steter trew

vnd liebe, so Ich zu Got, dem gedechtnus wirdigen alter, vnd
dem gantzen fuggerischen Namen trage, Auch allen meinen
Erben vnnd Nachkomen zu ainem Spiegel Exempel vnnd
anraitzung aller redligkait, eern vnd guten tugenden, Jetz
vnd vnnd ain kunfftig zeit, ainen fuggerischen Stattsta-
men auf vnd anzurichten, vnnd zusamen zuordnen, vn-
derfangen, vnd den allen meinen Erben vnd Erbens Erben
zu Eern, Wirde, vnnd guter Gedechtnus nach meinem ab-
sterben verlassen wollen, Welchen Ich die erstreckung, vnd wei-
tere ausfuerung rc. dises weitberuemten Eernwercks, des dem
gantzen fuggerischen Geschlechte, zu ewigem lob, glori, Eer vnd
guter gedechtnus, von mir angefangen, vnd auffgerichtet,
auf das es also in kunfftig zeit bestendig betriben möge, mit
allem fleis beuolhen haben will.

Wie Ich aber dises mein gantzes fuggerisch Eernwerck aus-
getailt vnnd geordnet habe, will ich auch erzelen. Erstlich
habe Ich gedacht, das Eerlich vnnd gut were, wann ich kondt oder
mochte, den anfang vnd eintrit des fuggerischen Namens in die
Stat Augspurg zuwegen pringen vnd bekomen, vnd alle vnd
Jede Personen, so dem fuggerischen Namen mit freuntschaft vnd
Sipschaft zugethon vnd verwandt, auch wie die Einer einan-
der Eelicher geboren, von dem anfang her, bis auf das Tausent
fünffhundert fünffvndviertzigsten Jars, bester form vnd ordnung
nach, Zu ainem algemainen fuggerischen Stammen zu-
samen ordnen, richte vnd pringen möchte. Zu welchem mei-
nem fürnemen (wie eben der zeit, als Ich des clainern Inner-
sten Rats, vnd Einnemer der Stat Augspurg gewesen) wol ge-
lungen. Vnd aus den alten Steuer, Leibgeding vnd Baumaister
Buechern, von etlichen guten waren bericht, erlernet vnd erlan-
get habe, Also das Ich solchen Generalstammen (wiewol mit
seer grosser muhe, arbait vnd schreiben an ferre vnd weite Ort)
on alle beschwerung des vnkostens, auf das best so Ich immer ge-
mocht, vnd noch vor augen gesehen wirt, glücklich vollendet
habe.

Zu dem andern Habe Ich Inn dis Eernbuch allain die ihenign/ so dem fuggerischen Geschlecht von geblüt Mans stammens Namens vnd sipschaft/ erboren vnd souil möglich/ wo jeder gewonet/ was sein stand vnd handlung gewesen/ rechter Ordnung nach/ mit Wappen vnd Geschriften/ verzaichen vnd pringen wollen. Vnd auf das jedes dester verstendiger gesehen werde/ habe Ich den gantzen fuggerischen Mans stammen Inn ainen abgesonderten Stammen sein ordenlich gebracht/ vnd Inn dis mein Eernwerck gelegt. Also das ein jeder Leser dises Eernbuchs/ alle Eelich geborn Fugger so von anfang Jrer ankunfft zu Augspurg/ bis auf das Tausent Fünffhundert fünfundvierzigisten Jars/ sämbtlich vnd sonders gesehen werden mögen/ wie dann das gantz fuggerisch Eernwerck an Jm selbs/ ainem jeden nach seinem begern vnd fragen/ guten bericht vnd erkantnus/ von sich geben wirt/ welchs Ich mit hilff gotlicher gnaden/ meines alters von Got Zu dem Neunundzwaintzigisten vnd meines lieben Eelichen vnd freuntlichen Gemahels Zu dem Dreiundzwaintzigisten/ vnd vnser baider haushaltung des hailigen Eelichen Stands Jn dem Sibenden Jarn/ eben der zeit/ als von der flaischwerdung Jhesu Christi vnsers ainigen Hailands Tausent fünffhundert Sibenundvierzig Jare gezelet wurde Vnd nachdem Ich Jnn das viert Jar daran gearbait/ gantz glücklich volfurt/ geendet vnd beschlossen habe. Welch Ich allain dergestalt darumb gemeldet vnd beschriben/ Auf das alle meine Erben vnd Nachkomen/ Jn ansehung meiner vilfältigen/ langen vnd mühesamen arbait/ zu Eern dem gantzen fuggerischen Namen von mir beschehen/ Jngedenck/ Vnd das vilereürt fuggerisch Eernwerck/ zu seiner zeit/ auf das die fuggerisch Eer uber lange Jar vnd künftig zeit Jnn guter gedechtnus beleibe/ zuerstrecken vn weiter auszuftieren/ mir nachzuuolgen/ dester baß angeraitzt werden/ des Ich an alle Nachkomen des Eerlichen vnd altlöblichen Fuggerischen Geschlechts/ nicht allain zu dem freuntlichsten begere/ Sonder zu dem allerfleissigisten sich in kunftig zeit darinnen zuüben/ gebeten haben will. Der Allmechtig ewig Got wölle durch sein gnad vnd güete/ des gantz fuggerisch Geschlecht/ auf das es meniglich zu gutem gedienen/ Jetzund vnd Jn kunfftig zeit/ vor allem übel gnedigclich behüeten vnnd bewaren. Amen.

Das recht alt fuggerisch Wappen von der Lilgen / welchs der Ernuest Herr Ulrich fugger aus versachen / das Jacob fugger / das wappen mit dem Rech es sey dann aus verachtung oder vergessenhait beschehen / allain auf seine Brueder / vnd nicht auf andre fugger / so geschwistergot kind mit jm gewesen / erlanget vnnd ausgebracht hette / fur sich vn seine brueder / Auch von kaiser fridriche hochlobliche gedecht in der Statt Augspurg gantz gnedigclich erworbe vn damit begabt worden ist. Anno. 1473.

Herrn Hans Jacob fuggers, Herr zu Kirchberg vnd Weissenhorn, Rö: Kay: vnd Rö: Nt: Rat. Fundator dises Erenbuchs wappen, welchs dem ehrlichen Fuggerischen Namen zu eern, durch die Herrn Raymundu Anthoniu vn Hieronimu die fugger vo dem Allerdurchleuchtigste grosmechtigste Rö: Kaiser Carolo des namens der fünft zum gnedigsten eerlichen erlangt vnnd ausgebracht worden. Anno 1530

Römisch König Ferdinand hat durch ain beson Jnnad Privilegium de 1535 Jnnr Familia gestattet dasselb... [illegible handwritten note continues]

Herr Georg fugger ein Vatter Vatter herren hans Jacob fuggers Fundators dises Leernwaists

Fraw Regina Im Hof herren Georgen Fuggers eeliche gemahel vnd herrn hansen Jacob Fuggers Fundators ʒc Vaters muter

+ IOANNES IACOBVS FVGGERVS DOMINVS IN KIRCHBERG ET VEISSENHORN ROMANAE CAESARIAE ET REGIAE M. CONSIL: HORSTEHVIVS OPERIS AVCTOR CVM BIGEMINO PROGENITORE SVOR SEMAE

Herr Hans Turzo von Bethlemsdorf herrn Hans Jacob Fuggers Fundators ʒc Mutter Vater

Fraw Magdalena Beckin von Leopoldorf herren Turzo eeliche gemahel vnd herrn hans Jacob Fuggers Mutter Mueter

Got gibt   Got nimbt

Frawen Ursula ein geborne von Harroch recht erblich wappen welch/
es von dem Wolgebornen herren Leonharten von Harroch herren zu Ro/
raw Rö: zu hungern vn Boheim Kö: Mt: Obristen Cantzler Jrem herren
Vatter an Sie geerbt vnnd löblich komen ist.

Herr Leonhart von Harroch, ein Vaters Vater, fraw Ursula von Har-
roch, herrn Hans Jacob fuggers fundators, & eeliche gemahel.

Fraw Margaretha vom Schachen, herrn Wolfgang Keners
vom Schachen eeliche tochter, ein Vaters Mutter fraw Ur-
sula von Harroch, die do ist herren Hans Jacob fuggers fun-
datoris Eelicher Gemahel.

+ DOMINÆ · VRSVLÆ · AB · HARROCH · DOMINI · IOANNIS · IACOBI · FVGGERI · OFFERTIS · HVIVS · FVNDATORIS · LEGITIMÆ · CONIVGIS · CVM · BIGEMINO · PROGENITORV̄ · SVOR · STEMMATE

Herr Balthasar von Gleinitz,
fraw Ursule von Harroch, her-
ren Hans Jacoben fuggers fund-
atoris, & Eelicher gemahel
Vatter.

Fraw Barbara von Keuttg,
herrn Balthasars von Gleinitz
eelicher gemahel, un fraw
Ursule von Harroch, herrn Hans
Jacob fuggers funditoris, eeliche
gemahels Mutter Mutter.

Alles Got Ergeben

Hernach volgt der abgesenckt Mannsstamen des Erlichen vñ altloblichen fuggerischen gschlechts, vñ ist Hans fugger d. j. laut d' tafl von jm bschribñ

Clara Widolffin hansen fuggers erste Eeliche hausfraw, mit dem sie zwo Töchtern elichen erzeuget hatt.

Elizabet Gfattermenin hansen fuggers andere Eeliche hausfraw, mit dem sie fünf Sön eelichen erzeuget hatt.

Es hat aus alten der Stat Augspurg Steur
vnnd Burger Büecher, nicht claren bericht, woher der erst Fugger
haus genant, bürtig gewesen sey, vernomen werden mögen,
dann Er das Burgerrecht nicht erkaufft, sonder Geleichern er=
heirat hat, Aber laut brieflicher vrkund, wirt sovil verstanden,
das Er zu Graben, ainem Dorf an der Obern Strass, etliche Güeter
vnd Achtundzwaintzig Tagwerck Wismads gehabt, vnnd vonn
seinen gefreündten, Ire Erbe bewegter Güeter daselbst, darzu er
kaufft hat, Derhalben warhafftig zuerachten, das er daselbst her
bürtig nüts gewesen sein, Dann sovil von alten leuten erkün=
digt hat mögen werden, haben die anzaigt, das die allzeit
ghört, das die Fugger von Graben komen vn daher bürtig seien.

Jm dem 1370 Jar, als Herr Bartholme Friederer von
herren vnd herr Dibot Menchinger aus der Erbern Zunfft der
Saltzfertigen von der Gemaind, Burgermaister zu Augspurg
waren, Hat er sich erstlich zu ainer Clara Widolfin genant
verheirat, mit deren Er zwo Töchtern Anna vnd Kunigunda
genant, etlichen erzeiget hat, Welchen Er der Stat gebrauch nach
als Er widerumb hat heiraten wollen, Heinrich Schmucker
vnd Herman Breitschidh, zu Pflegern gesetzt, die habent mit
vermachtem gelt, den zwayen frem Pflegtöchtern, Jn
1389 Jar dreissig guldin Leibgeding, das hundert vmb
fünf guldin abzulösen, von ainem Erbern Rat zu Aug=
spurg erkaufft.

Die ander sein Eeliche Hausfraw ist Elisabeth Gfatterinen
wirt genant, Herren Hausen Gfattermans, welcher des Rats vn
Zunfftmaister von Webern Jnn zwaintzig Jar gewesen ist, Ee=
liche Tochter gewesen, mit der er fünf kinder Eelichen erzeüget,
vnd zway darunder Eelichen verheirat hat.

Anfencklich Ist Er mit der Widolffin underhalb hailig Creutzer Closter/ mit haus gesessen. Aber nachmalen ist Er mit dem andern seinem Eeweyb der Gfattermaunnin/ herein zun seiner Schwiger haus bey Geggynger Thor gezogen/ vnnd alda ein Zeitlang mit Jr gehauset/ Nachmalen hat er das haus bey dem Fridenberg vonn Heinrichen Grauen Gietlern Anno. 1397. erkaufft/ vnnd alda gehauset. Welche baide Heuser sambt den Guetern zu Graben gelegen/ noch heuttigs tags Jnn der Herren Fugger von der Lilien gewalt sein.

Vondem. 1370. bis auf das. 1382. Thut 12. Jar/ hat Er den Fuggerschen Namen in der Stat Augspurg Zu Eelichem Stand allain getragen. Vnd wirt Jnn alten Steurbuechern warhaft zu vilmalen befinden/ das Er vber Dreitausent guldin/ welchs dann derselben Zeit/ fur ein gar grosse hab geschetzt worden/ reich gewesen ist.

Diser Hanns Fugger Ist auch lange Zeit ein Zwelffer/ vnnd des grossen Rats gewesen. Vnd hat vngefarlich von dem. 1370. bis Jnn das. 1409. Jar/ Thut Neunvnddreissig Jar/ mit den zwaien Eeweibern Jnn der Stat Augspurg Burgerlich hausgehalten/ vnnd darnach sein leben daselbst Jnn Got gnedigclich geendet/ Dem Got der Allmechtig gnedig vnd barmhertzig sein wölle Amen.

Jetzund wirt / auf das die Ordnung dises Fuggerischen
Manstammens / verstendig pleibe Ulrich fugger / sa=
mbt Seinen Kindern Nacheinannder Gesetzt

Ulrich Fugger / ein Bruder Hansenn
Fuggers / welcher funf Söne Eeli=
chen vberkomen / die all heuslich
alhie gewonet habenn.

Vadgunda Mundsamin Ulrichen
Fuggers Eeliche Haußfraw.

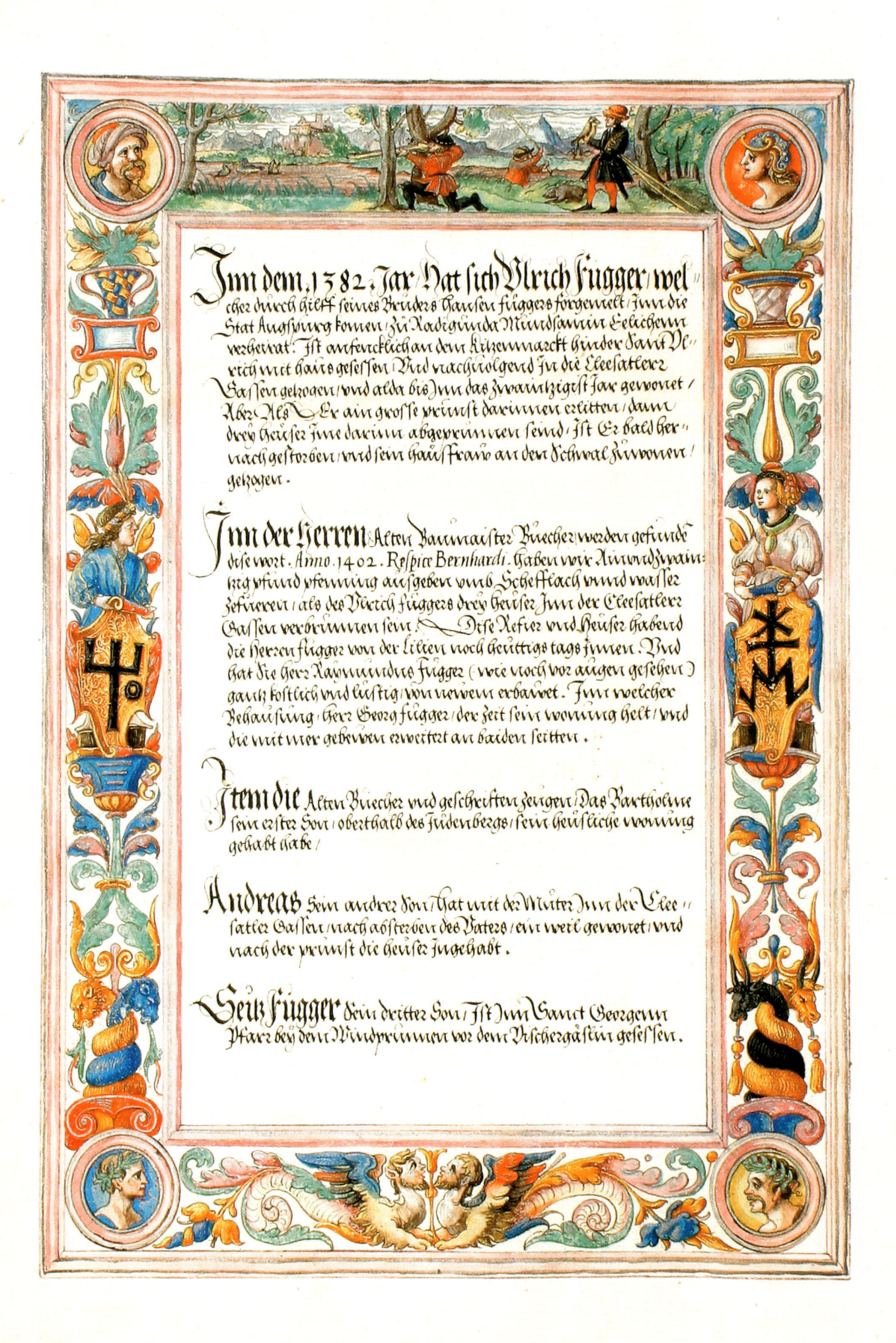

Jnn dem, 1582. Jar, Hat sich Vlrich fugger, welcher durch hilff seines Bruders Hansen fuggers, forgemelt, Jnn die Stat Augspurg komen, Zu Radigunda Mundsawrin Eheichenn verheirat. Jst anfencklich an dem Kitzenmarckt hinder Sant Vlrich mit haus gesessen, Vnd nachuolgend Jn die Eleesatler Gassen gezogen, vnd alda bis Jnn das zwainzigist Jar gewonet, Aber Als Er ain grosse preunst darinnen erlitten, dann drey heiser Jme darinn abgeprunnen seind. Jst Er bald hernach gestorben, vnd sein hausFraw an den Schwal Zu wonen gezogen.

Jnn der Herren Alten Baumaister Buecher, werden gefunde dise wort. Anno 1402. Respice Bernhardi. Haben wir Ainvndzwaintzig pfund pfenning ausgeben vmb Scheffleich vnnd wasser zefüeren, als des Vlrich fuggers drey heiser Jnn der Eleesatler Gassen verbrunnen sein. Dise Refier vnd Heiser habend die herren flugger von der lilien noch heuttigs tags Innen. Vnd hat die Herr Raymundus fugger (wie noch vor augen gesehen) gantz kostlich vnd lustig von newem erbawet. Jnn welcher Behausing Herr Georg fugger der zeit sein wonung helt, vnd die mit mer gebewen erweitert an baiden seitten.

Jtem die Alten Buecher vnd geschrifften zeigen, Das Bartholme sein erster Son, oberthalb des Judenbergs, sein heusliche wonung gehabt habe.

Andreas Sein anderer Son, Hat mit der Muter Jnn der Eleesatler Gassen nach absterben des Vaters, ein weil gewonet, vnd nach der preunst die heiser Jngehabt.

Seitz fugger Sein dritter Son, Jst Jm Sanct Georgenn Pfarr bey dem Windprunnen vor dem Ischergässlin gesessen.

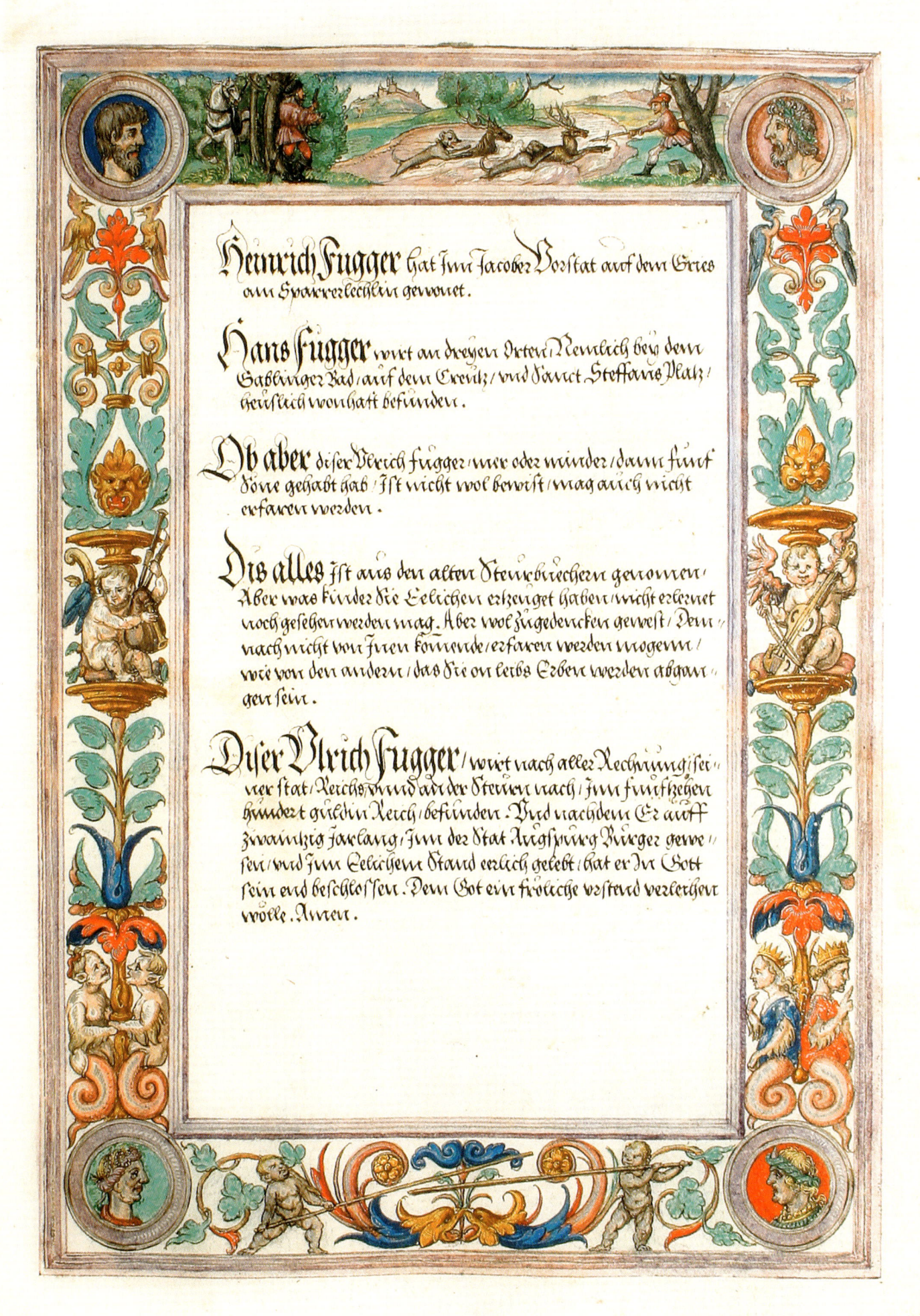

Heinrich Fugger hat Jm Jacober Vorstat auf dem Gries ain Spacrerlechslin gwonet.

Hans Fugger wirt an dreyen Orten, Nemlich bey dem Gablinger Bad, auf dem Creutz, vnd Sanct Steffans Platz, heuslich wonhaft befunden.

Ob aber diser Vlrich fugger mer oder minder, dann fünf Söne gehabt hab, Ist nicht wol bewist, mag auch nicht erfaren werden.

Dis alles Ist aus den alten Steurbüechern genomen. Aber was Kinder die Eelichen erzeuget haben, nicht erlernet noch gesehen werden mag. Aber wol zugedencken gewest, Dem nach nicht von Jnen komende, erfaren werden mögen, wie von den andern, das sie on leibs Erben werden abgangen sein.

Diser Vlrich Fugger, wirt nach aller Rechnung, seiner stat Reichs, vnd an der Steuern nach, Jnn fünfzehen hundert guldin Reich, befunden. Vnd nachdem Er auf zwaintzig Jarlang, Jnn der Stat Augspurg Burger gewesen, vnd Jnn Eelichem Stand erlich gelebt, hat er Jn Gott sein end beschlossen. Dem Got ein froliche vrstend verleihen wolle. Amen.

Bartholome fugger Ulrichen fuggers erster Sone

Andreas Fugger Ulrichen fuggers anderer Sone

Seitz fugger Ulrichen Fuggers Dritter Sone

Heinrich fugger Ulrichen Fuggers vierter Sone

Hans Fugger Ulrichen fuggers fünffter und letster Sone

End der ersten Linien

Anfang der andern Linien.

Heinrich Meitting, wellicher hansen fuggers Eeliche Tochter zu ainem Eelichen weib gehabt. Hec Leibgeding Buch.

Anna Fuggerin Hansen fuggers Eeliche Tochter aus seiner erste haußfrau eelich geborn,

Junckfraw Kunigundt Hansen Fuggers aus der Widolstin Eelichen erboren, andre vnd letzte Tochter, wellich ledig gestorben. Vnd haben baide

Hansen Fuggers Töchtern über=vermächte hab vnd Müterlich Erb Hansen Schmucker vnnd Herman Preyschuch zu Pflegern gehabt. Hec.

Dieweil Andreas fugger der eltist Son Hansen fuggers gewesen
mus ich Jn/ ob er schon der Lilien nicht zugehörig/ auf das der
gesenckt Stammen auch verstendtlich pleib/ vorsetzenn.

Andreas fugger Hansen fuggers erster So-
ne/ wellicher Neun kinder Eelichen erzeuget
hat/ von welchen Jn dem andern tail dises
Eernbuchs gehandlet wirt.

Fraw Barbara Stamlerin Andreas
fuggers Eeliche hausfraw.

Michel Fugger / Hansen Fuggers Eeli-
her Sone / Ist ledig gestorbenn

Peter Fugger / Hansen Fuggers Eelicher
Sone / Ist Jung Gestorbenn

Hans Fugger / Hansen
Fuggers Eelicher
Sone Ist inn der Ju-
gent gestorbenn

Jetzund volget Jacob fugger sambt seine kindern
vnd kindskindern in guter ordnung der Lilgen nacheinander

Jacob fugger Hansen fuggers aus dem an
dern weib so ein Stattermennin gewesen
Eelichen geboren welicher Ailff kinder
Eelichem Erzeuget hatt

Fraw Barbara Bäsingerin Vlrichen
Bäsingers Müntzmaisters zu Augspurg
Eeliche Tochter vnnd Jacoben fuggers
Eeliche Haussfraw

End der anderen Linienn

Von Andreas fuggers herkomen, wirt
jetzund nichts gemelt, dann sein herkomen
vnnd aufferung, Jm andern tail dis Eern=
buechs gehandelt wirt.

Diser Jacob fugger, des alten Hansen fuggers Eelicher
Sone, von welchem die Herren fugger von der Lilien jr herkomen
vnd anfang haben, hat Inn der behausung bey dem Juden=
berg, do Hans fugger sein Vater Jm 1397. Jar erkaufft, heuß=
lich gewonet.

Zu ainem Eeweib hat Er gehabt, Barbara Bäsingerin, aines
guten alten Geschlechts, Vlrichen Bäsingers Müntzmaisters zu
Augspurg Eeliche Tochter. Mit welcher Er Anno 1441. Jar, hoch=
zeit zu Augspurg gehalten, vnd auf kinder Eelichen erzeuget,
als dann die nachuolgend jedes an seinem Ort, gesehen werden.

Ein Reicher vnd wolhabender Herr, vnd ein Vorgeer der Erbern
Zunfft von Webern, darzu auch ein handelsman ist Er gewesen,
Vnd weren wol etliche Historien, wie es Jm durch Kriegsleufft
Jnn dem Kaufmanshandel ergangen, zumelden. Ju dinn
vna auffrecht, redlich, gegen den guten milt vnnd freundtlich,
Aber den Jhenigen, so die billichait gehasset, vnd hochmut gegen
Jme geübet, seer hert vnd streng ist Er gewesen, vnnd der auch
die fuggrischen Güeter wol beyeinander gehalten hat.

Nach seinem Absterben seind der frau fuggerin, allain von
alters wegen, Pfleger, Nemlich Georg Bechmer, der Zunfft vom
Webern Buechsenmaister Zu Pfleger gesetzt worden.

Jm dem 1469. Jar, Vnd nachdem Er Achtvndzwain=
tzig Jar, als ein auffrechter Handelsman Jnn Eelichem Stand

Inn der Stat Augspurg Burgerlich haußgehalten/ hat Er die schü=
ld der Natur betzalet/ vnd Jm Got gnedigclich verschiden. Deß=
gleichen sein Eeliche haußfraw nach Jme Jnn wenig Jarn auch/
denen baiden Got der Almechtig ein fröliche vrstend güetig ver=
leihen wölle. Amen.

Leid meid/

halt maß

> Anfang der dritten Linien Die do Jacoben fuggers kinder Inn sich haltet.

> Herr Ulrich fugger Herren Jacoben fuggers erstgeborner Eelicher Sone, welcher Neun kinder Eelichen erzeuget hat.

> Fraw Veronica Laugingerin Herrn Ulrichen fuggers Eeliche haußfraw.

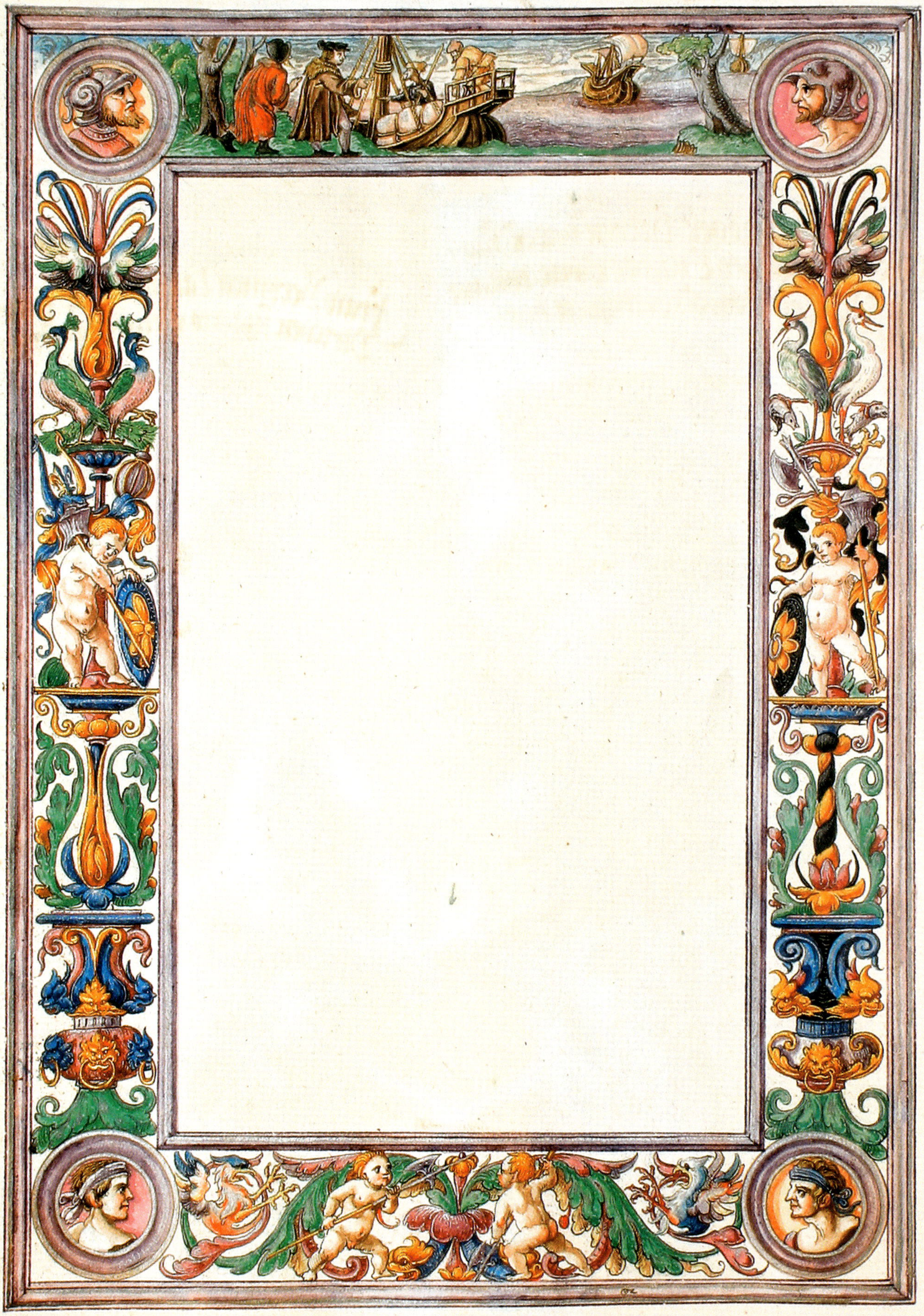

fol. 16v (S. 32)

HOMO BVLLA

40   fol. 17v (S. 34)

Andreas fugger Herren Jacoben fuggers Eelicher Son, Ist geboren Anno 1443 vnd Im Gleger zu Venedig Jung gestorben.

Hans fugger Herren Jacoben fuggers Eelicher Son, Ist geboren Anno 1445 vnnd 16 Jarig Anno 1461 Gestorben.

Herr Marx Fugger, Herren Jacoben Fuggers Ee=
licher Sone, wirt geboren Anno 1448, ist gaist=
lich, hat umb das er ein Augspurger kind gewesen,
durch eintrag des Bischofs vnd Capituls, auf den
Thumb nit komen mögen, litigiert vor dem Pa=
bst, gewint auch etliche vrtail, vnd ist in disem
handel vor austrag der sach, nit on argkwohn
des gifts, zu Rom gestorben.

Peter Fugger, Herren Jacoben Fuggers Ee=
licher Sone, ist auch in der Jugent in dem
Leger zu Nurmberg, in Martin Paumgart=
ners behausung Anno 1473 gestorben.

Herr Hector Mülich, des Rats zu Augspurg, welcher
herrn Jacoben fuggers Tochter zu ainer eelichen hauß-
frawen gehabt, und Anno 1468. miteinander zu
Augspurg hochzeit gehalten, und zehen kinder eeli-
chen mit ir erzeuget hat. Starb Anno 1490.

Fraw Anna fuggerin, herren Jacobenn
Fuggers eeliche tochter, unnd Hector Müe-
lichs eeliche haußfraw, ist geboren 1452.
Starb Anno 1482.

Herr Georg Fugger, herren Jacoben fuggers eelicher Son, durch welches Samen Got der Almechtig den Lertlebenden fuggern Manstamen von der Lilgen nicht allain erhalten, Sonder erhaltenn vnnd gnedigclichenn gemeret hat.

Fraw Regina Im Hof, burgerin zu Auspurg herrn Georgen fuggers eeliche Hausfraw.

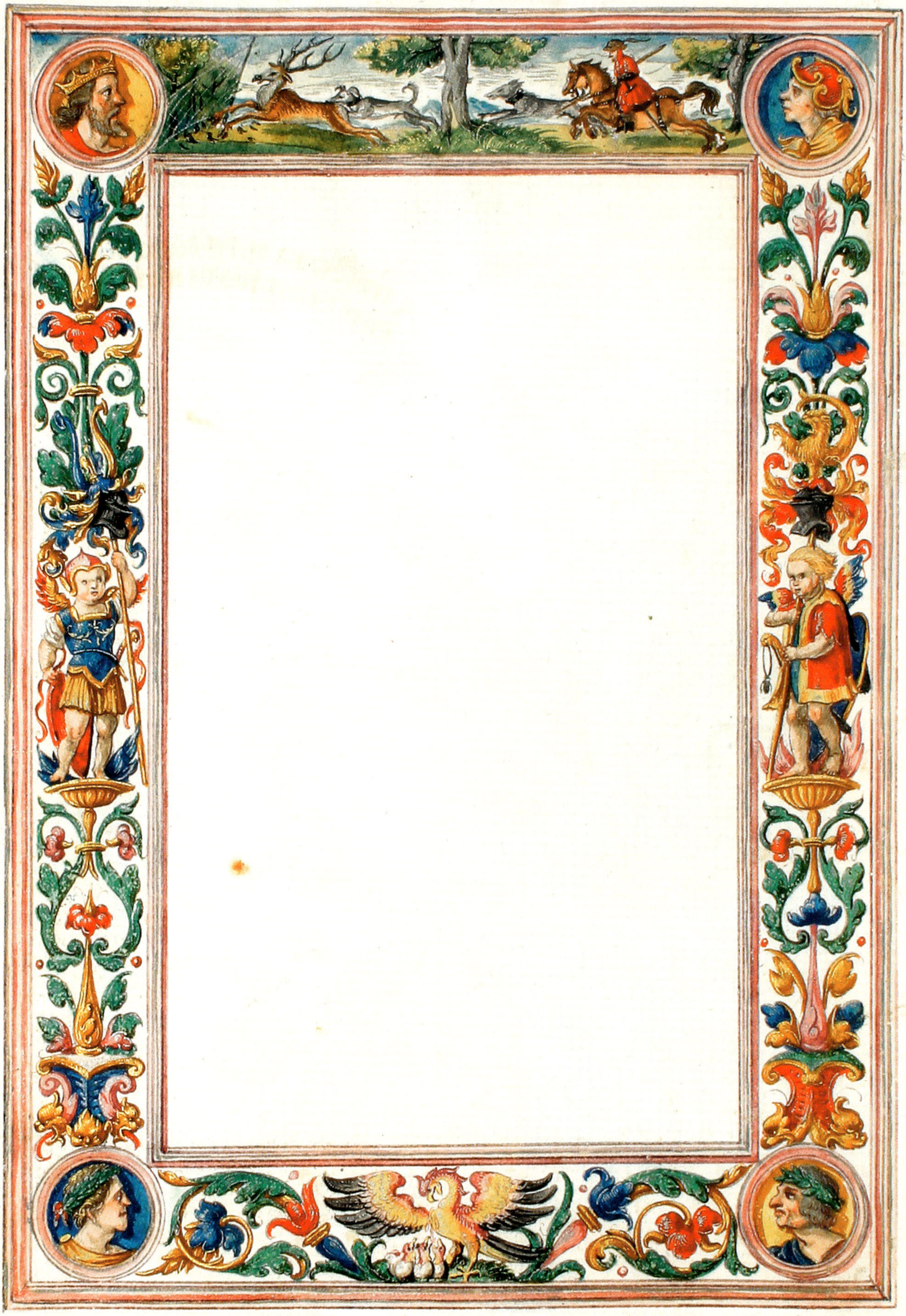

fol. 21r (S. 41)

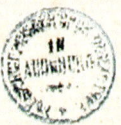

Herr Conrat Meiting burger zu Augspurg, welicher Herren Jacoben fuggers eeliche tochter zu der Ee gehabt, und kinder eelichn mit Ir erzeuget hat.

fraw Barbara fuggerin herren Jacobenn fuggers Eeliche tochter, vnnd Herrenn Cunraden Meitings eeliche hausfraw.

Herr Wilhalm Rem Burger zu Augspurg, welicher herren Jacoben fuggers eeliche tochter zu der Ehe gehabt, vnd mit der Anno 1484 zu Augspurg hochzeit gehalten, auch zehen kinder miteinander eelichen erzeuget haben. Starb Anno 1529.

Fraw Walpurga fuggerin, Herren Jacoben Fuggers Eeliche tochter, vnd Herren Wilhalm Remen Eeliche haußfraw. Ist geborenn Anno 1457. starb Ao. 1500.

Herr Jacob Fugger / Herren Jacoben fug-
gers Eelicher vnnd letster Sone / wel-
licher kein kind Eelichen erzeuget hat ?

Fraw Sibilla Artztin Herren Jacoben
Fuggers Eelicher gemahl stirbt Anno
1546 ?

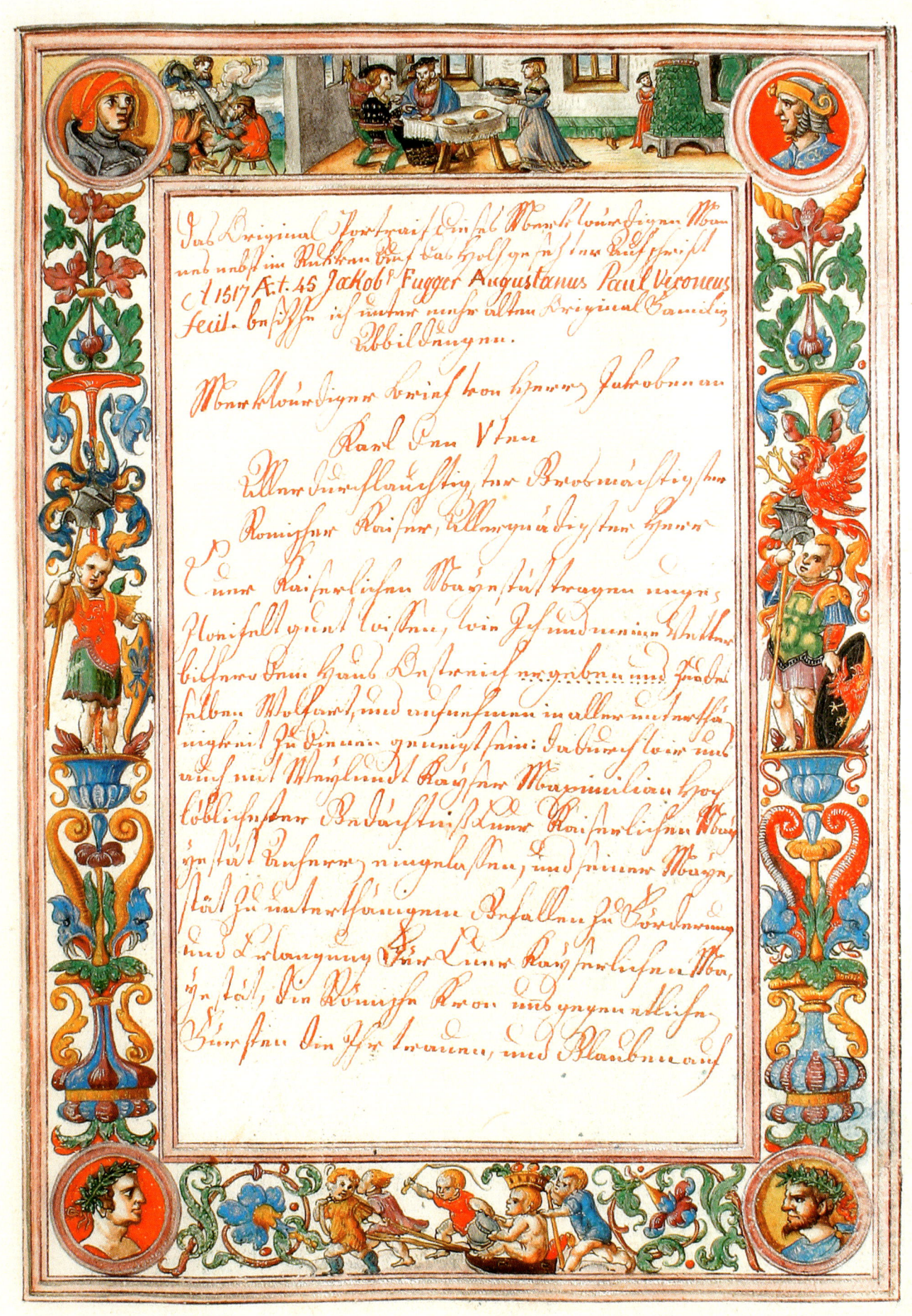

Das Original Portrait dieses Mercklwürdigen Mann
und nebst im Ruckhen bemeldtes holtzen ist unterschriben
A° 1517 Æt. 45 Jakob: Fugger Augustanus Paul Veronews
fecit. besitzen ich unterm mehr alten Original familien
Abbildungen.

Merckhwürdiger brieff von herren Jacobmmen

Karl dem Vten

Aller durchläuchtig ster Großmächtig ster
Römischer Kaiser, Allergnädigster Herrr

Eurer Kaiserlichen Mayestät tragen ungezweifelt guet wissen, wie Ich undt meine Brüder
bißhero dem Hauß Österreich ergeben und Ihrer
selben Wohlfart, und aufnehmen in aller unterthe=
nigkeit zu dienen geneigt sein: Inderen seine wir
auch mit Weylendt Kayser Maximilian hoch
löblichster Gedächtniß Eurer Kaiserlichen Ma=
yestät Anherrn vorgeloffen, und Seiner Maye=
stät zu unterthenigen Anfallen zu Erwerbung
und Erlangung der Eurer Kaiserlichen Ma=
yestät, der Römischen Kron und gegen ottlichen
Curfürsten den Ihr derowillen, und Stimben auch

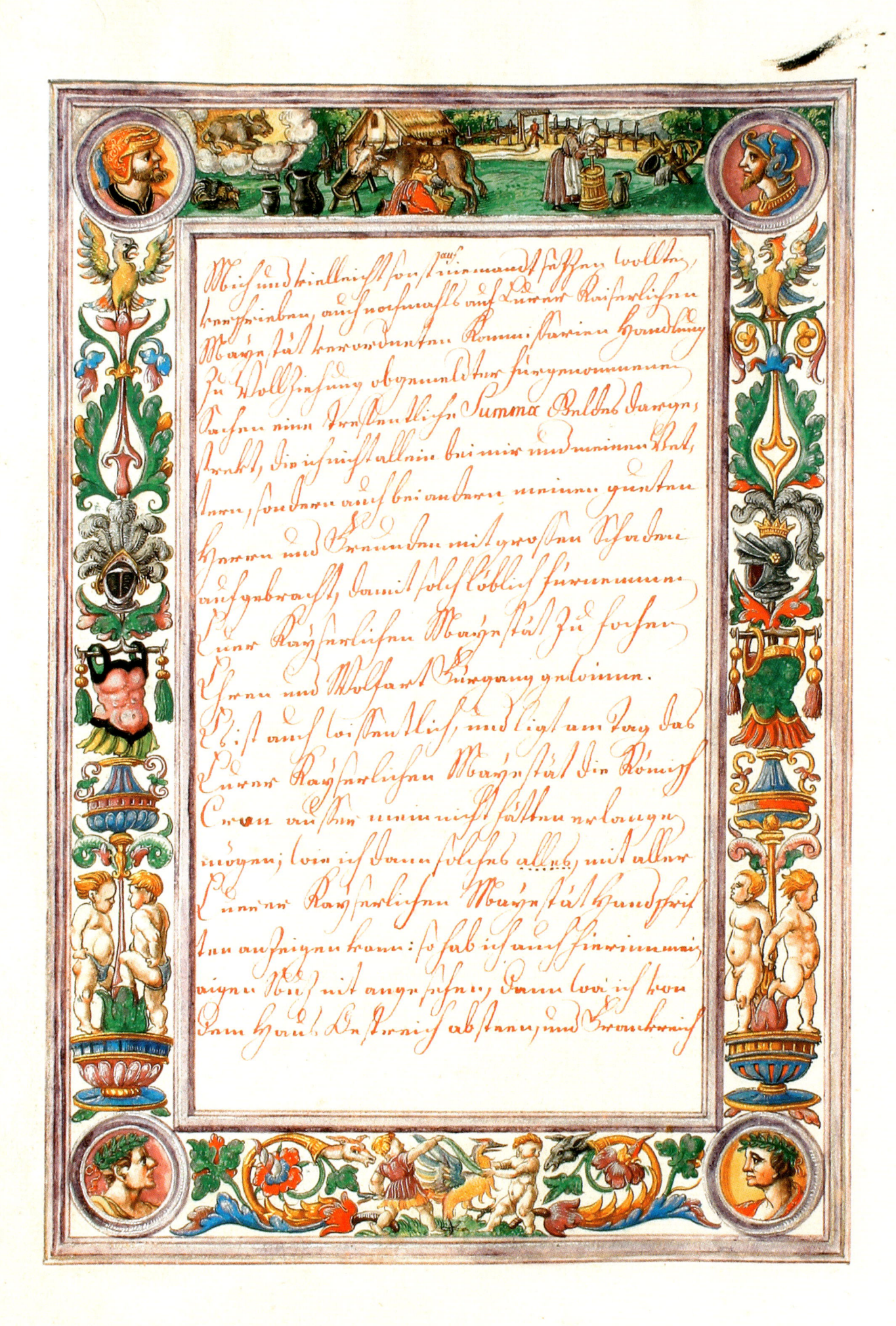

Mich und vielleicht sonst niemandt straffen wollten,
hernemben, auch nochmals Euer Kaiserlichen
Majestät hervorinnen Commissarien Handlung
zu Vollziehung obgemeldter fürgenommenen
Sachen eine stattliche Summa Gelds darzu
bracht, die ich nicht allein bei mir und meinem Rat,
sondern auch bei andern meinen guten
Herren und Freunden mit großen Schaden
aufgebracht, damit solch löblich fürnemen
Euer Kaiserlichen Majestät zu hohen
Ehren und Wolfart fürgang gewinnen.

Ist auch öffentlich, und ligt am tag, das
Euer Kaiserlichen Majestät die Römisch
Cron einem iemandt hätten verlangen
mögen, wie ich dann solches alles, mit aller
Euer Kaiserlichen Majestät handschrift
beweisen kann: So hab ich auch hierinnen
mein Nutz nit angesehen, dann wie ich von
dem herrlich Königreich abstan, und denselbigen

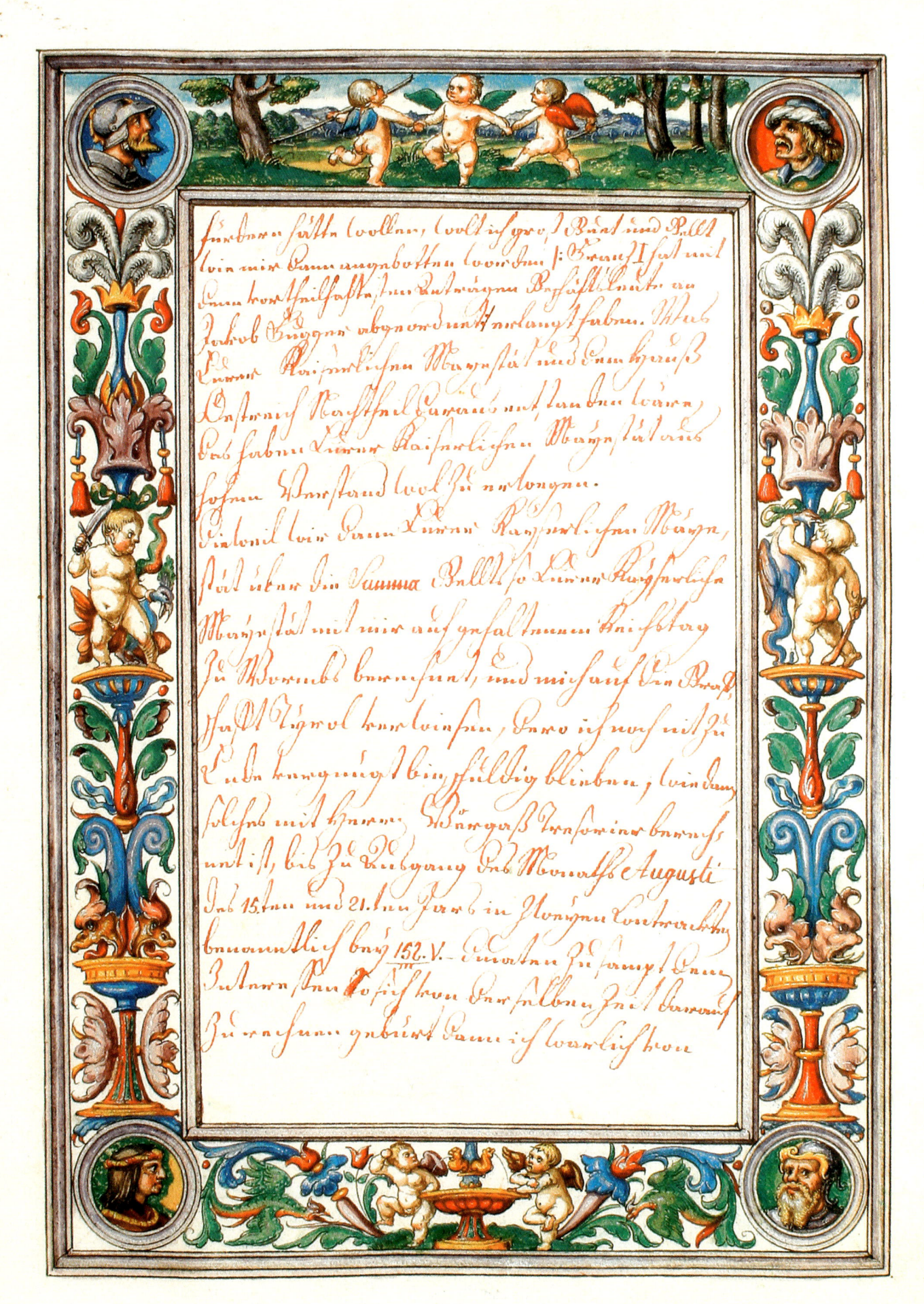

fordern hätte wollen, wolt ich groß Bitt und Fleiß,
wie mir dann angeboten, von dem F: Ertz Herzog, und
dem vorthailhafftesten vertrawten Beschäfftsmann, ein
Jacob Buggner abgeordnet, erlangt haben. Weil
Ewer Kayserliche Mayestät und dem Herrn
Ertzherzog Erzhertzog zu verrich-, kan denn bevorn,
daß hieben Ewer Kayserliche Mayestät ietziges
schwer Unkosten wohl zu verlangen.

Dieweil vor dem Ewer Kayserlichen Mayestät,
sich über die Summa Bell. so Ewer Kayserliche
Mayestät mit mir auß gehaltnem Kriegsheer
zu Würmbß verrichtet, und mich auf die Post
feß Sigrol verwiesen, daran ich noch nit zu
voller vergnügt bin, schuldig blieben, wie dem
solches mit ihrem Burgerß Verschrien bewust
und ist, biß zu Außgang des Monaths Augusti
das 15.ten und 21.ten Jar, in ihrigem Contract ver-
namentlich bey 152. V. wordten zu fampt, der
Zinsen, so sich von derselben zu Würmbß
zu verzehren gebürt, dann ich wahrlich von

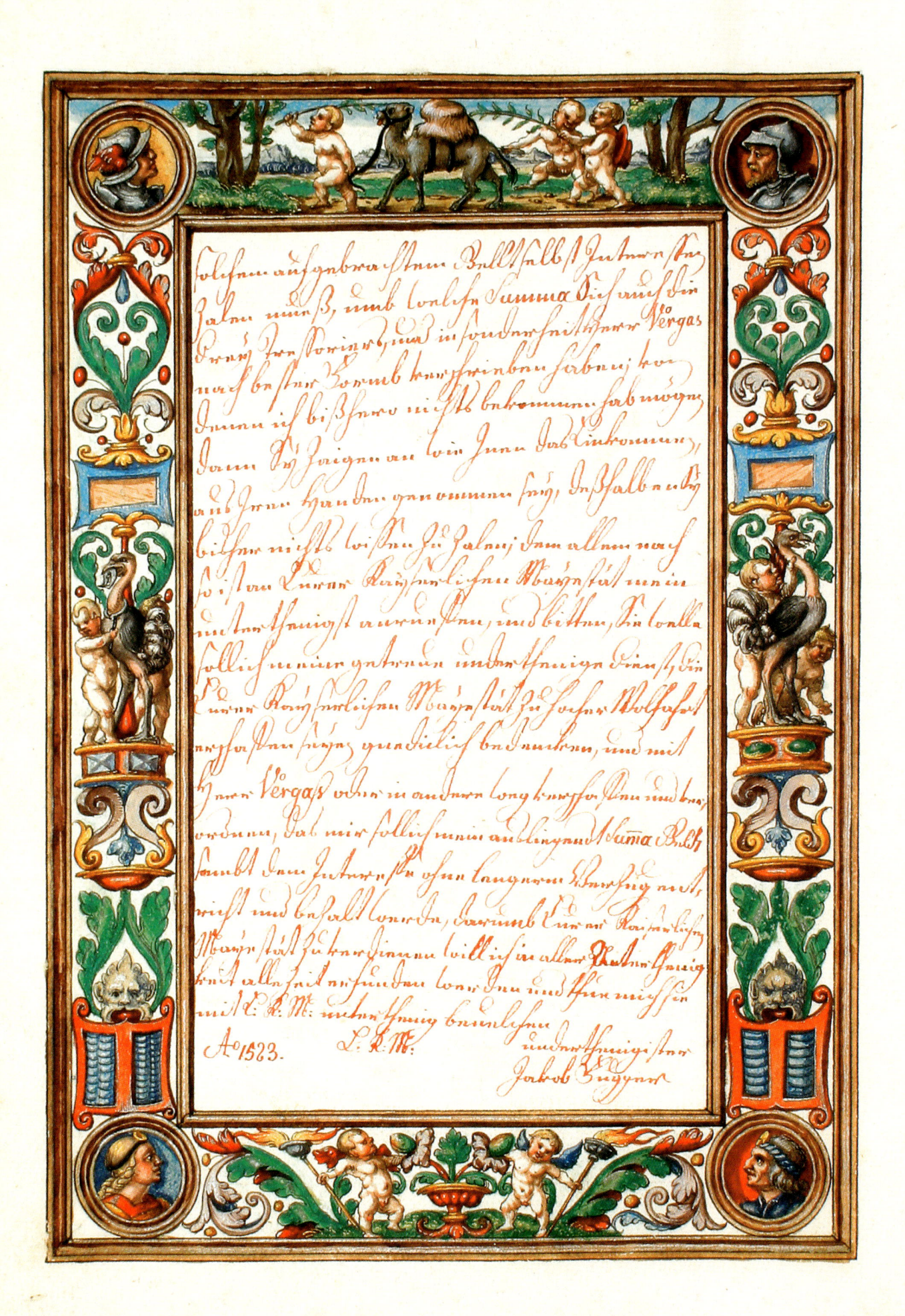

sollichen außgenbrachten Buellfalb Zentner khu-
pfer nueß, umb sollche Summa die euch die
Hertz Bon Bowinz, inn sonderheit einer Vergas
nach bester Borumb khauffreiben, herbey zu
brenn ich bißher nichts bekommen hab mögen,
dann die Herzogen die Inne des Einkommens,
und Inne haruben genuemen sich, Inßhalb nichts
bisher nichts besten Hr Palenz Inen allen nach
besten Euren Reißerlichen Maÿestät unin-
derthenigst erinneren, und bitten, die sollche
sollich meiner getreuen undertheigen Dienst, die
R. M. Reißerlichen Maÿestät zu hoher Wolfahrt
meistern sehen, genedigelich bedenken, und mit
Inen Vergas oder in andren long keuffer Inen und be-
ordenen, daß mir sollich meiner außligend Numa Pelz
sambt dem Zutzen ohn langer Unrichtigkeit,
richt und bezalt werden, darumb Euer Reißerlichen
Maÿestät zu bedienen will ich in allen Uchten Geneig
und alle zeit erfunden werden, und themich
mit N. R. M. underthenig beuelchen
Aº 1523.   E. R. M:
                            underthenigster
                            Jacob Tugern

fol. 26r (S. 51)

58 fol. 26v (S. 52)

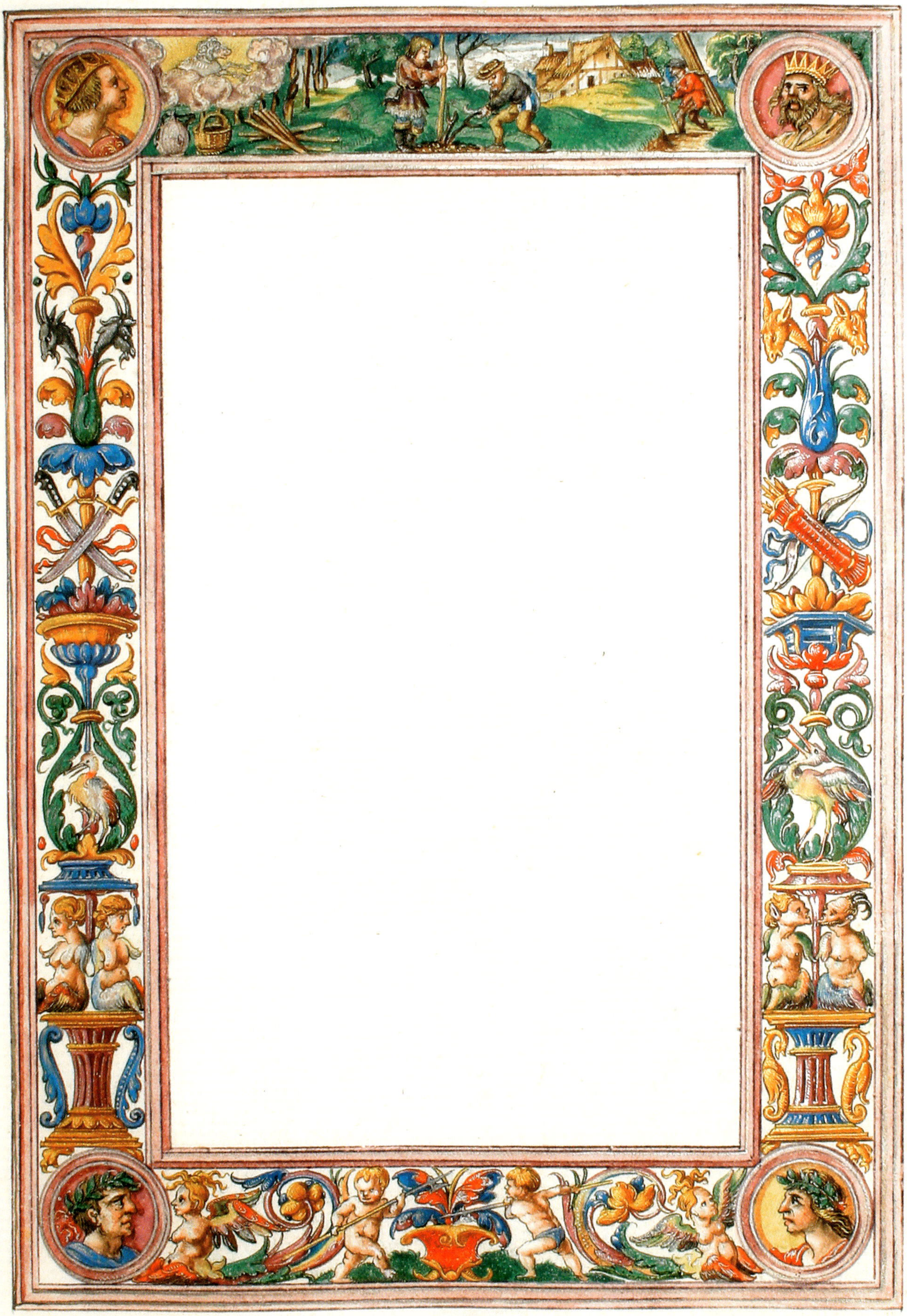

fol. 27r (S. 53)

fol. 27v (S. 54)

Junckfraw Vrsula fuggerin Herren Jacyben Fug
gers letsts kind ist in der jugent ledig gestorbenn

End der drittenn Linien

Anfang der vierten Linien, Jnn welcher
Herren Vlrichen vnnd Georgenn der
Fugger kinder, Verleibet stehenn.

Hans Fugger Herren Vlrichen Fuggers Erstge=
borner Son, Jst zu Vlm Jung gestorbenn.

Der Edel vnd Vest Herr Georg Turzo von Betlahe=
msdorf kuniglicher wirdin zu Hungern Camergraf
auf der Cremnitz, in dem Konigreich Hungern, welcher
hernach zu Augspurg gewonet, vnd mit Herrn Vl=
richen Fuggers eeliche tochter, Anno. 1497. hochzeit
gehabt, mit welcher Er funf kinder eelich heim er=
heuset hat. Stirbt Anno. 1521.

Fraw Anna Fuggerin, Herrn Vlrichen
Fuggers eeliche Tochter, vnd des Edlen
vnd Vesten Herrn Georgen Turzo
eelicher gemahel, stirbt A° 1535.

Der Edel vnd Gestreng Herr Philip vom Stain zu
Jetingen Ritter, wellicher mit Herren Ulrichen fug
gers Eeliche Tochter Anno 1503 hochzeit gehalten
vnnd sechs kinder mit Jr Eelichen erzeuget
hat. Stirbt zu Ulm Anno 1509.

Fraw Ursula Fuggerin herren Ulri
chen fuggers Eeliche Tochter vnd her
ren Philippen vom Stain Ritters &c.
Eelicher gemahel. Stirbt Aº 1539.

Herr Walther Ehinger ein burger von Ulm / wellicher mit herrn Ulrichen fuggers Eeliche Tochter Anno. 1504. hochzeit gehabt / vnnd funf kinder mit Ir Eelichem erzeugt hat. Stirbt Anno. 1520.

fraw Veronica Fuggerin herrn Ulrich fuggers eeliche tochter / vnd Walther Ehingers eeliche hausfraw stirbt A° 1521.

Der Edel vnd Vest Herr Hans Marx von Bubenhofen/ welcher Herren Vlrichen fuggers eeliche Tochter zu der Ee gehabt Vnd als sein Vest das beischlaffen vnnd hochzeit mit benanter fuggerin Anno 1512. zu Augspurg gehalten hat/ seind Im die von Augspurg mit zwaien der Stat fendlein in seinem einreiten für die Stat zu eeren entgegen zogen/ mit welcher vorbenanter fuggerin sein Vest vier kinder Eelichen erzeuget hat/ Stirbt Anno.

Fraw Sibilla fuggerin Herren Vlrichen fuggers eeliche Tochter/ vnd Herren Hans Marxen von Bubenhofen Eelicher gemahel Stirbt Anno.

Junckfraw Felicitas Fuggerin Herren Ulrichn Fuggers
Eeliche Tochter ist Anno 1508 in Sanct Katherina Clo-
ster Sanct Dominici Ordens gaistlich wordenn
Stirbt Anno 1539

Herr Georg von Steten zu Bocksperg ꝛc burger zu Augspurg/hat mit fraw Susanna fuggerin Anno. 1516. zu Augspurg hochzeit gehabt/ und ein ainigen Son Georg genant/eelichen erzeuget/welcher noch in leben ist. Stirbt Anno.

Fraw Susanna fuggerin/Herren Ulrichen fuggers eeliche Tochter/und herrn Georgen von Steten zu Bocksperg ꝛc eeliche haußfraw/stirbt A⁹

68 fol. 31v (S. 62)

Herr Ulrich Fugger, Herrn Ulrichen fuggers
eelicher Son, hat hochzeit zu Augspurg An=
no. 1516. gehalten, vnd kaine kinder Ee=
lichen erzeuget. Stirbt zu Schwatz
Anno.

Fraw Veronica Gaßnerin, herrn
Vlrichen fuggers Eelicher gemahl.
Stirbt Anno.

fol. 33r (S. 65)

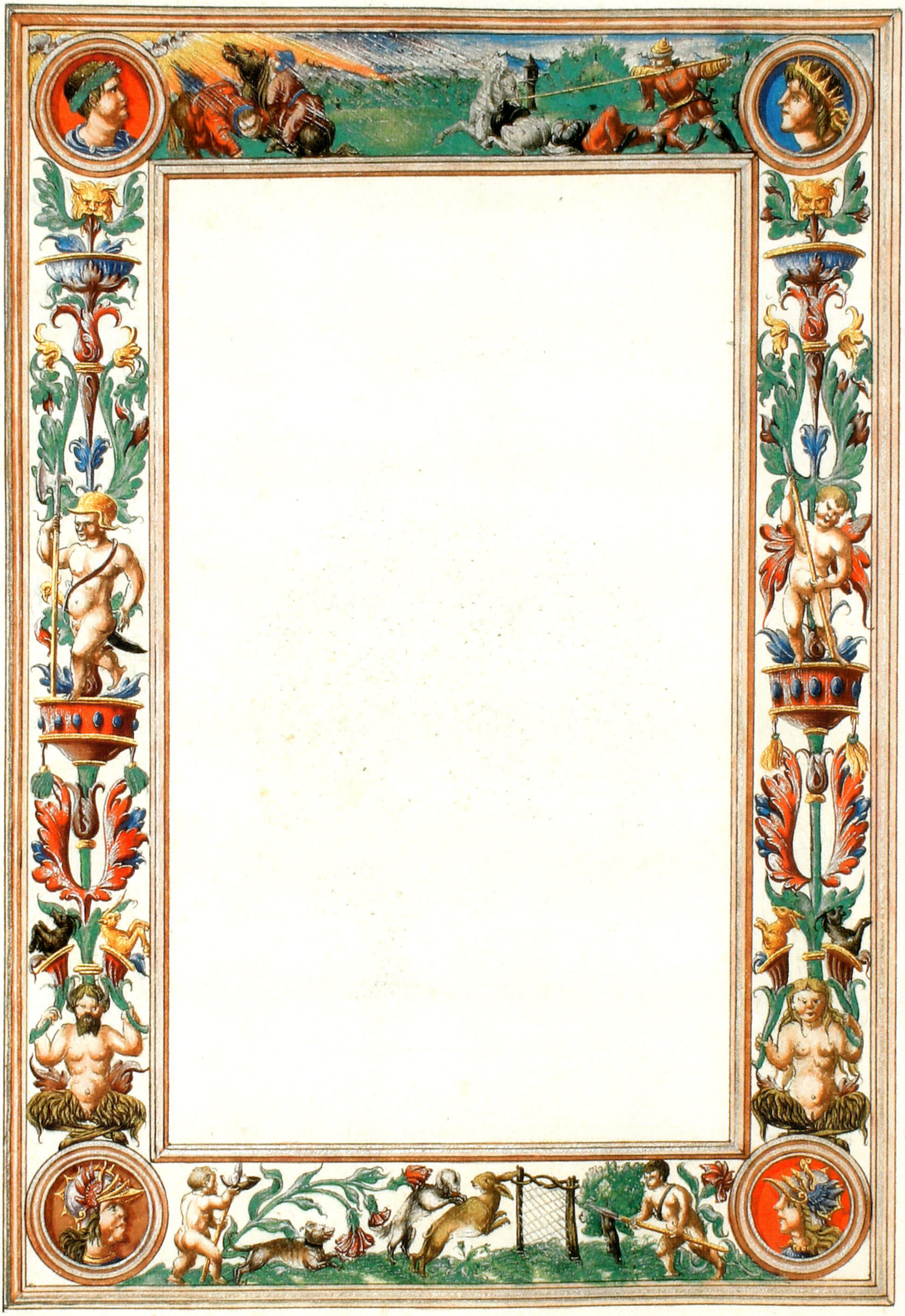

fol. 33v (S. 66)

Der Wolgeboren Herr Jheronimus Fugger, Herren
Ulrichen fuggers Eelicher vnd jüngster Sone, wel-
licher ledigs Stands zu Augspurg Anno 1538
gestorbenn ist.

End Herren Ulrichen Fuggers kinder

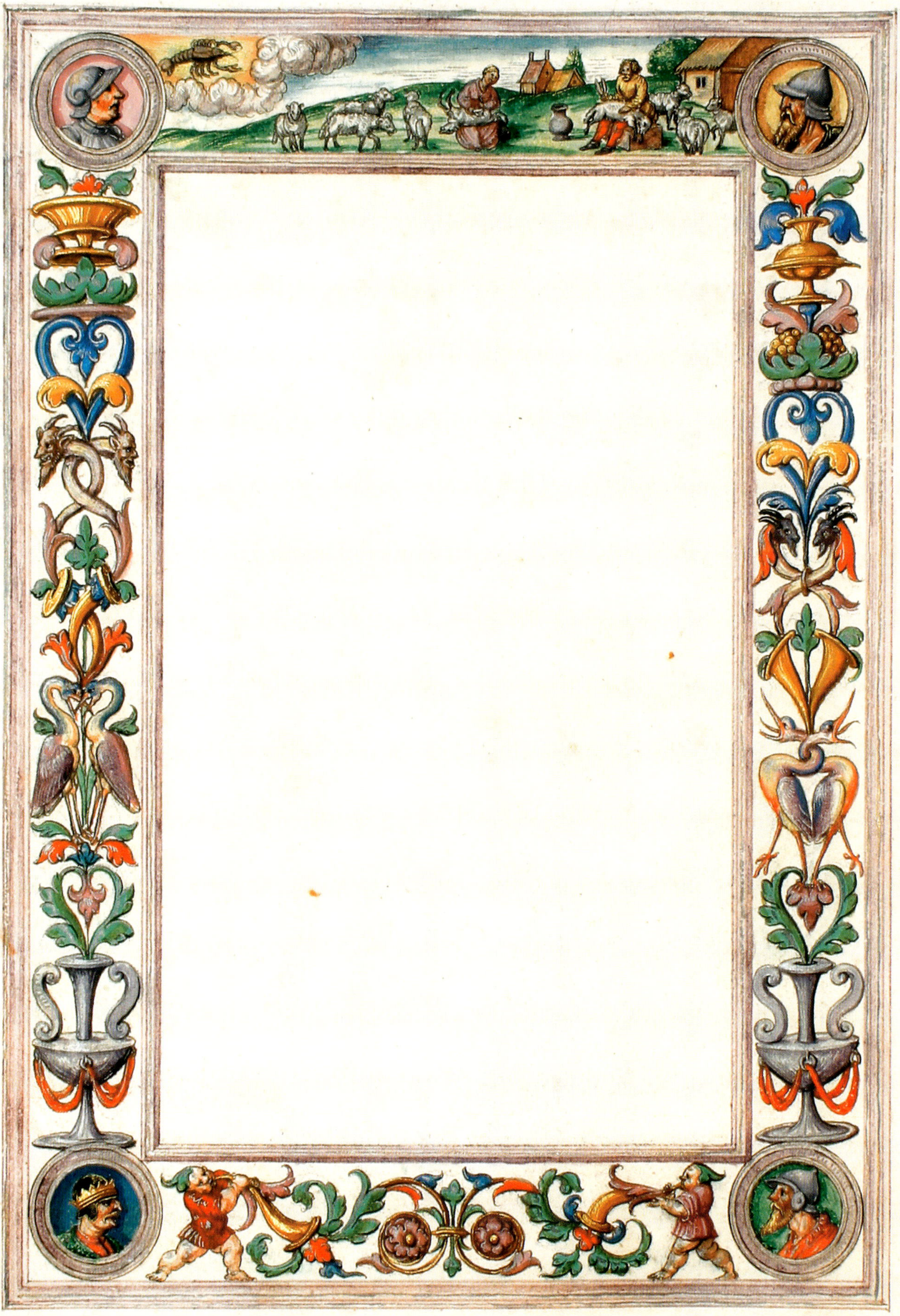

fol. 34v (S. 68)

Alles mit guten eeren.

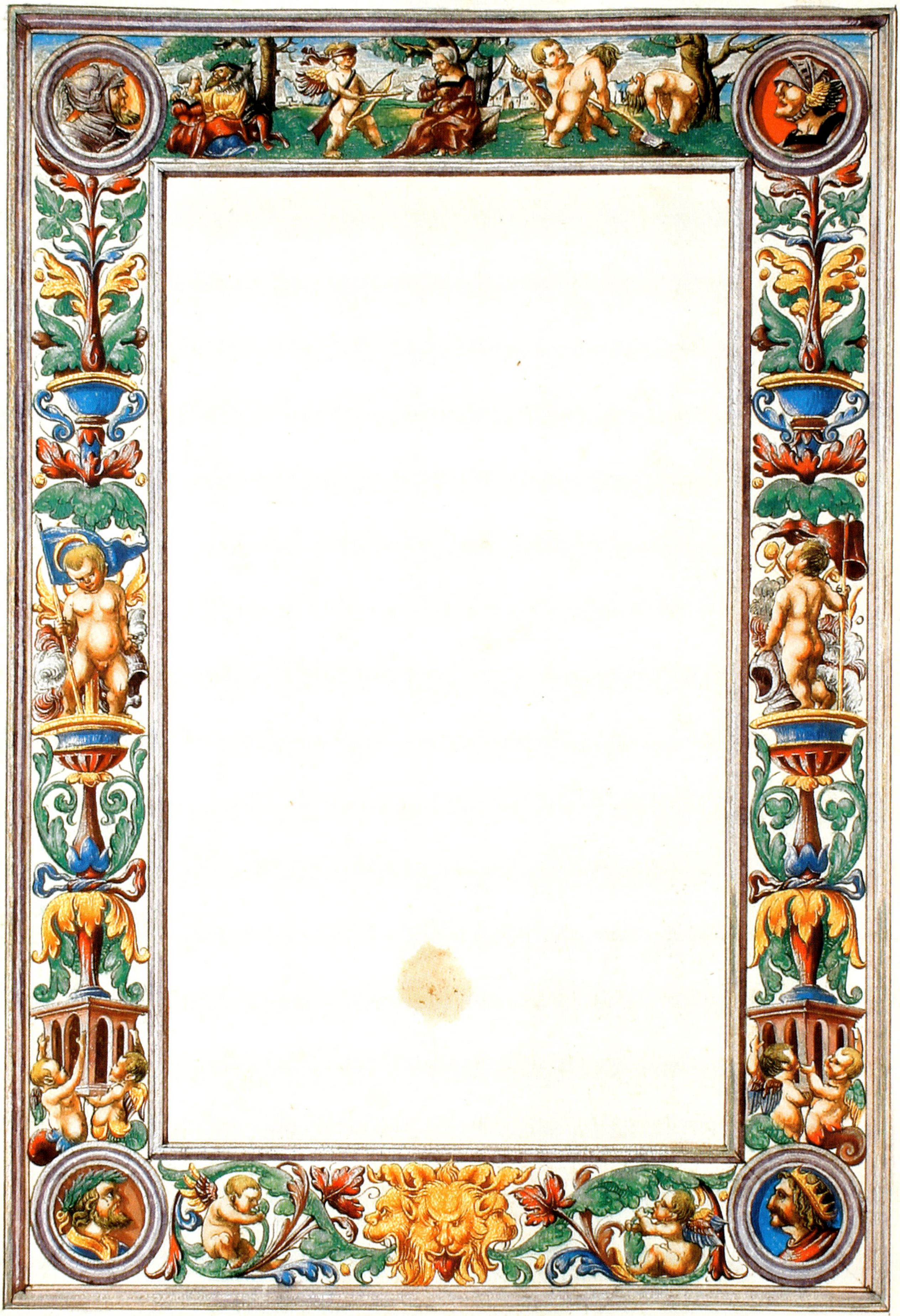

fol. 35v (S. 70)

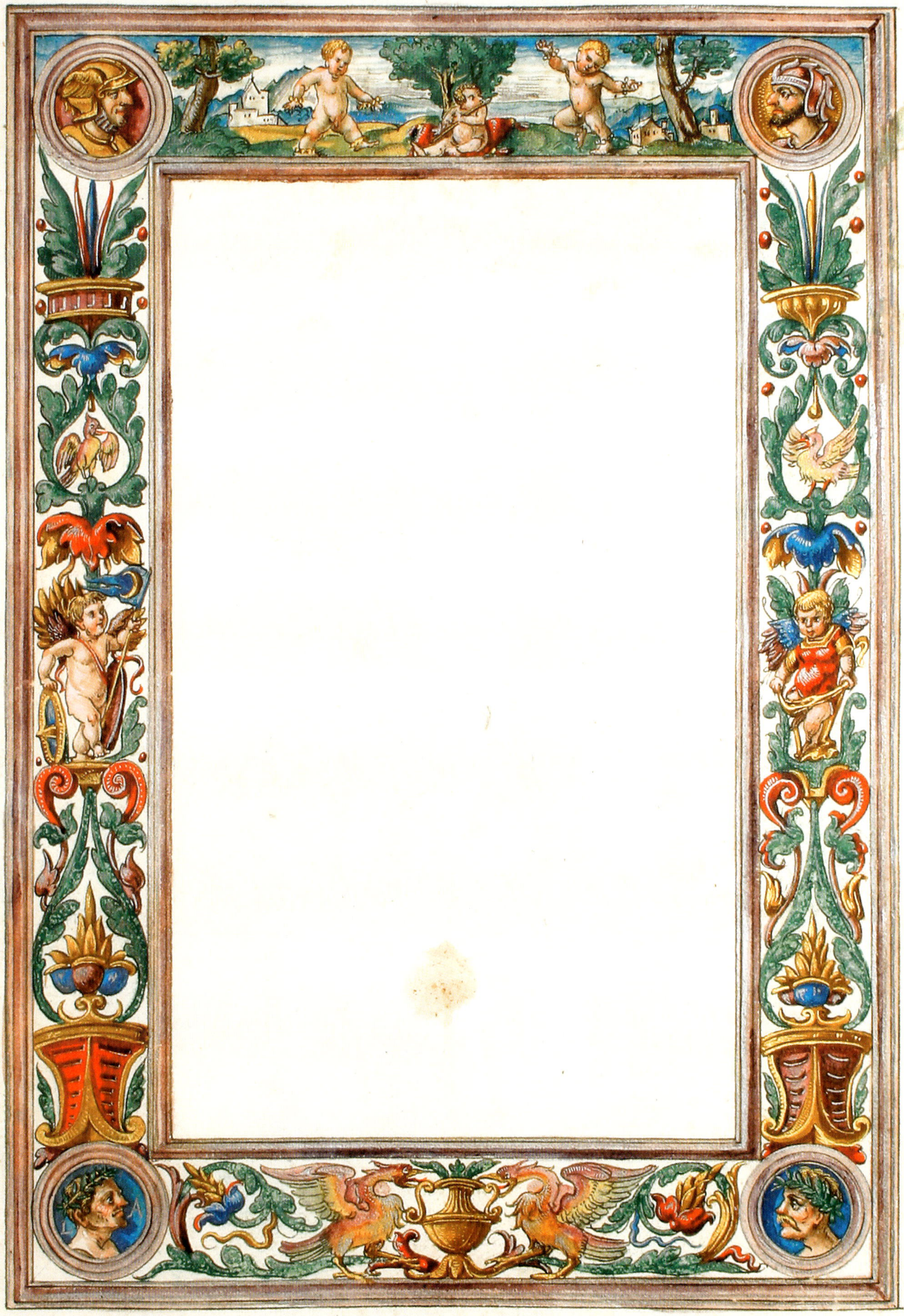

fol. 36r (S. 71)

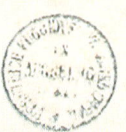

Anfang Herren Georgenn Fuggers Kinder.

Herr Hans Fugger, Herren Georgen Fuggers
erster Eelicher Sone, Ist jnn der Jugennt
zu Augspurg gestorben.

Herr Marx fugger, Herren Georgen fuggers anndere elicher
Son, der gaistlich, vnd ein Probst zu Sanct Peter zu Augs
spurg, vnd an dem Babstlichen Hof zu Rom in grossem
treffenlichem ansehen gewesen, welcher Anno 1511.
zu Rom gestorben ist.

Der Wolgeboren Herr Raymundus fugger, herrn
Georgen fuggers anderer Eelicher Sone, welcher
13. Kinder eelichen erzeuget hat, wie sie dann
an seinem ort in disem Buch gesehen werden.

Fraw Katherina Turtzinin, herren Hansen
Turtzo von Betlahemsdorf eeliche Tochter,
Herrn Raimunden fuggers eelicher gemahl.

38 75

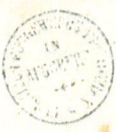

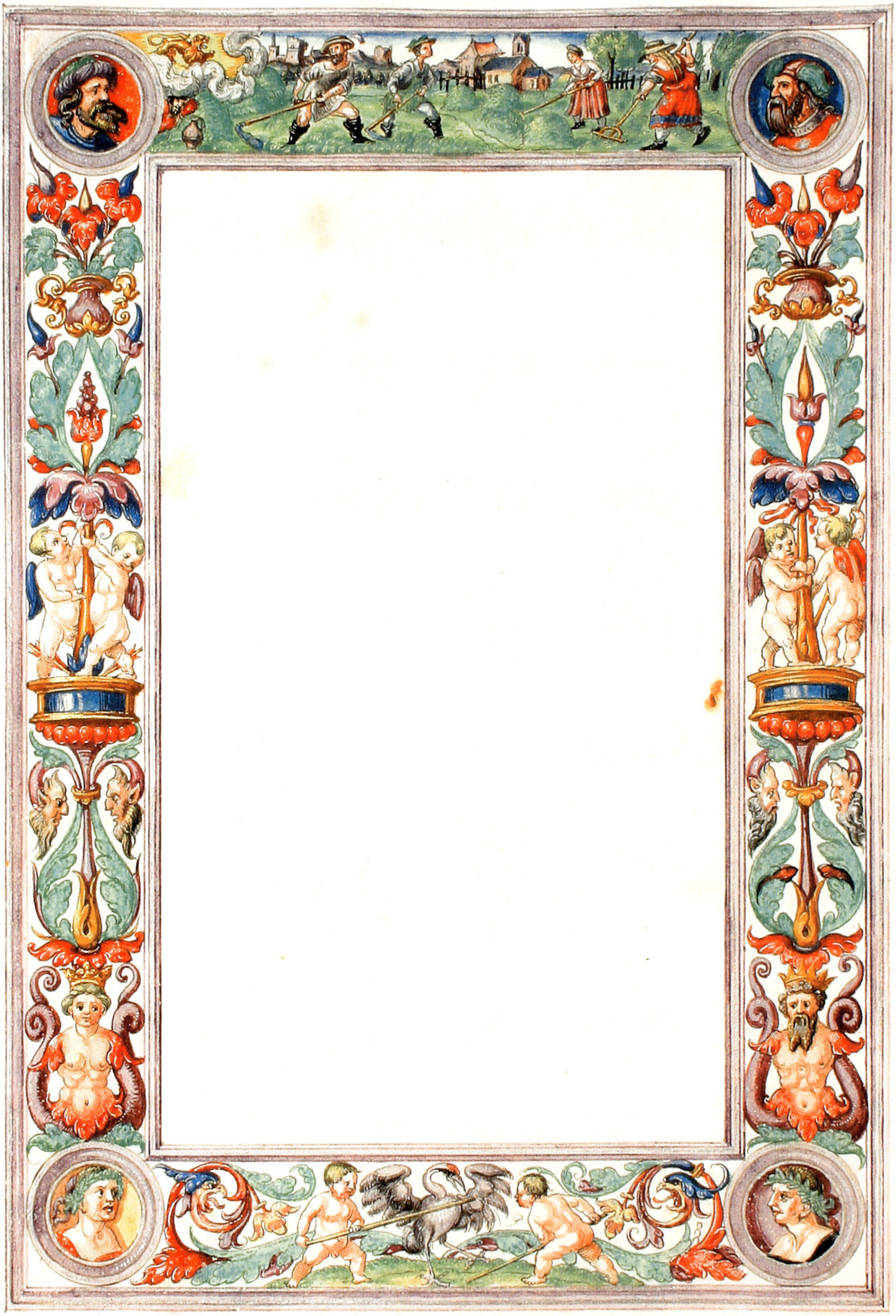

 fol. 38v (S. 76)

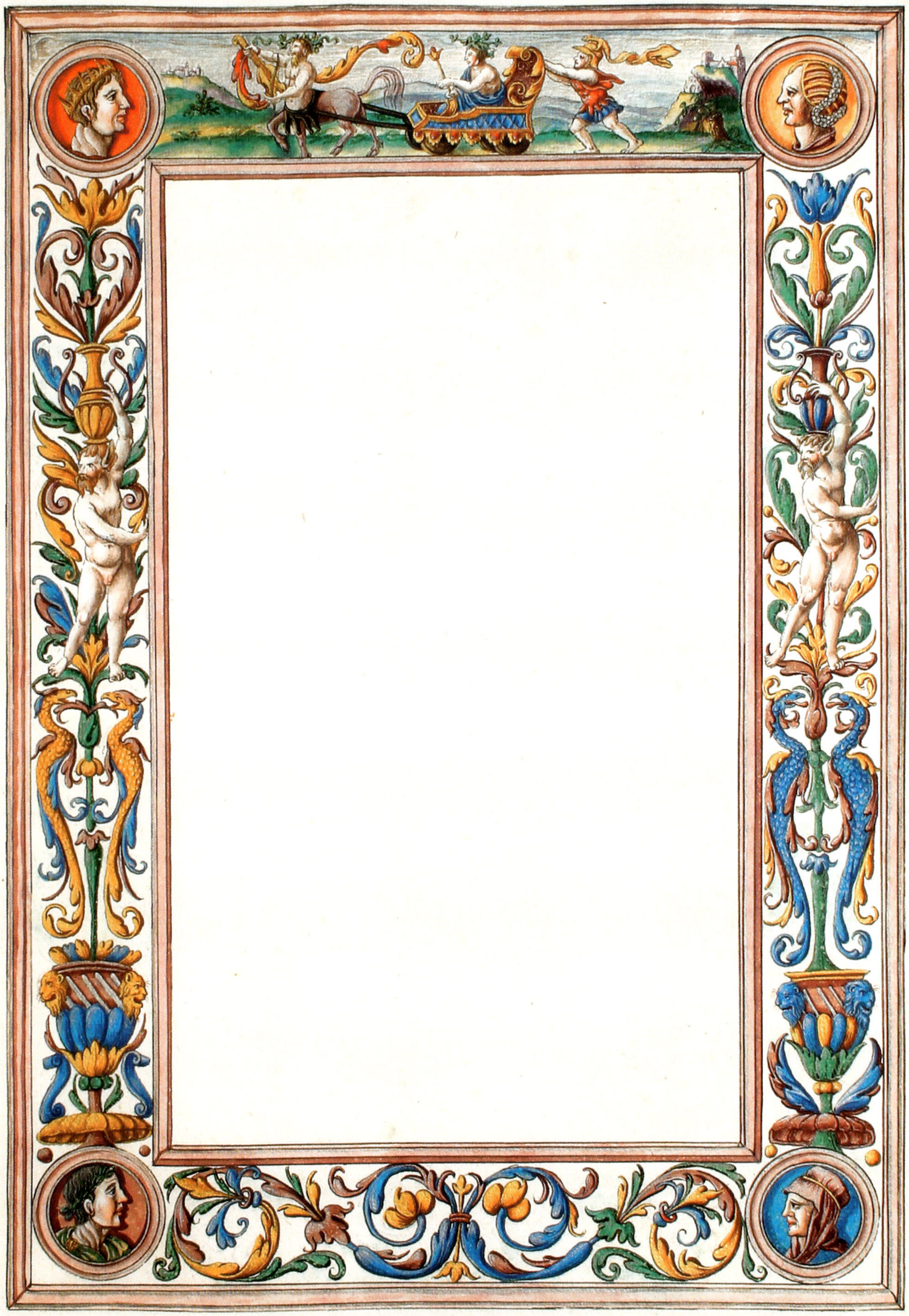

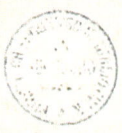

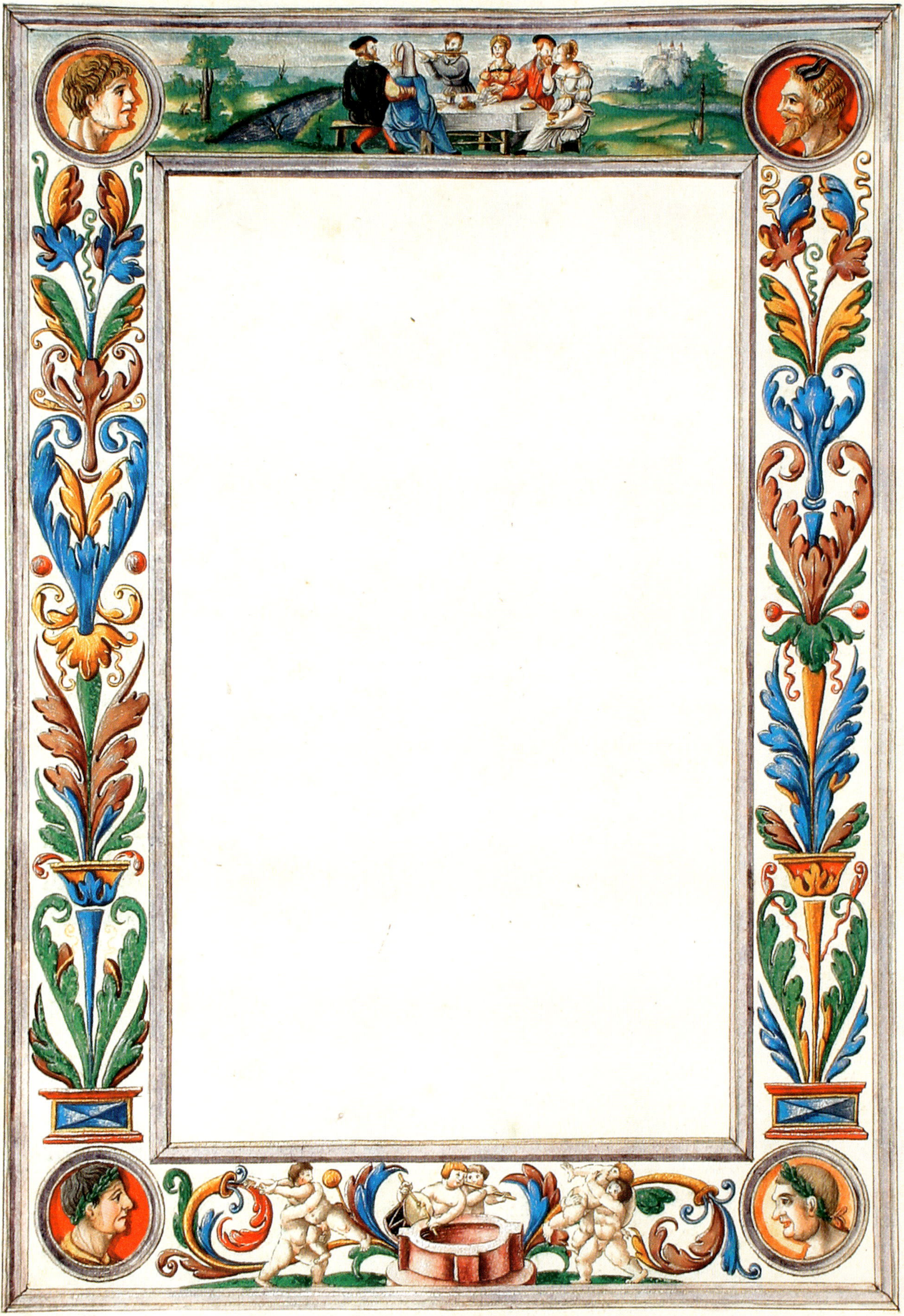

fol. 39v (S. 78)

fol. 40r (S. 79)

Der Wolgeboren herr Anthoni Fugger/ welcher
herren Georgen fuggers dritter Eelicher Sone
gewesen/ vnd diser zeit noch in gluckselige leben/
der auch etliche vil kinder eelichen erzeuget hat.

Fraw Anna Rechlingerin/ herren Hanns
sen Rechlingers/ dazumal burger zu
Augspurg eeliche tochter vnd herren
Anthonien fuggers eeliche gemahel.

81

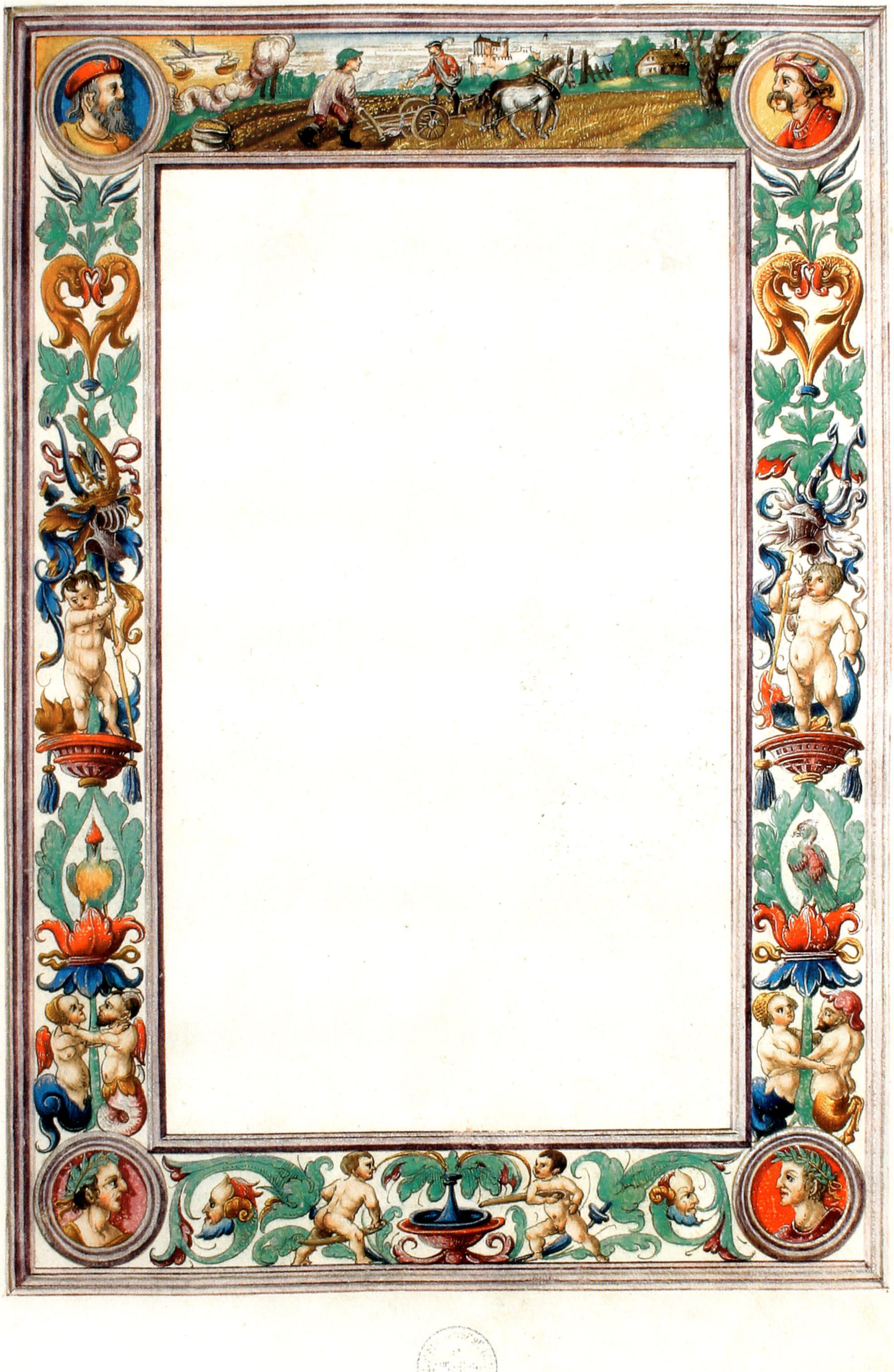

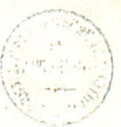

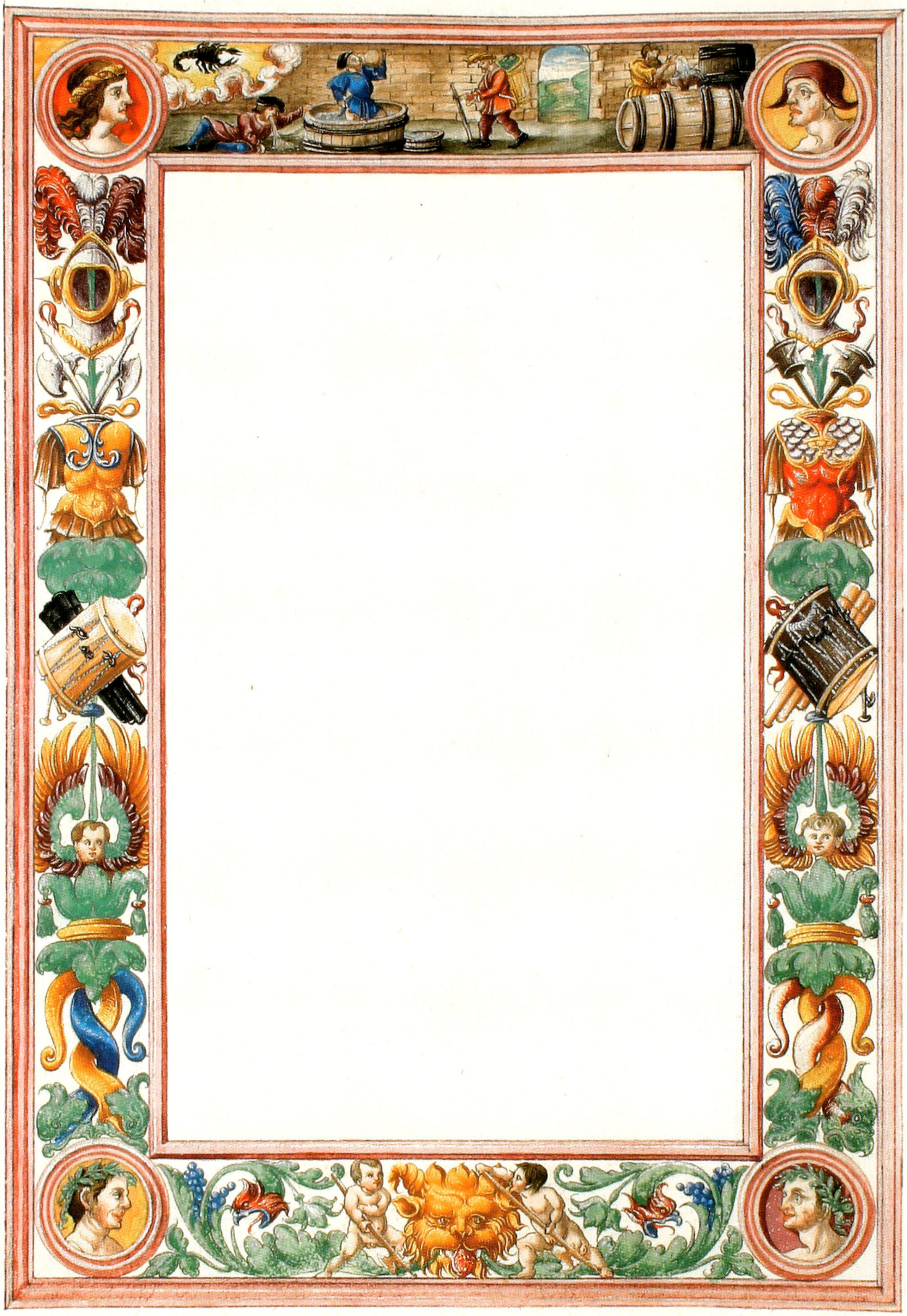

fol. 41v (S. 82)

fol. 42r (S. 83)

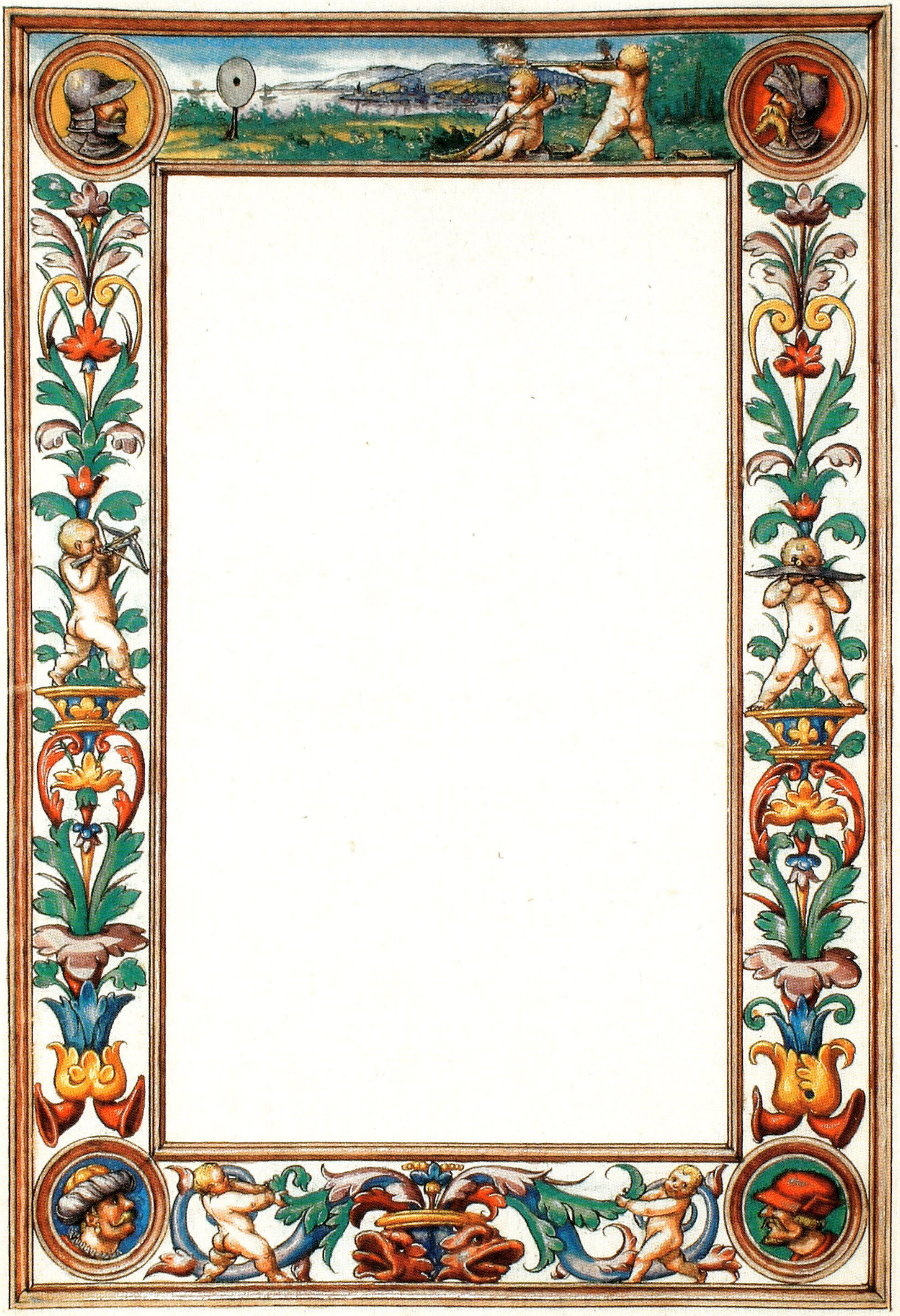

 fol. 42v (S. 84)

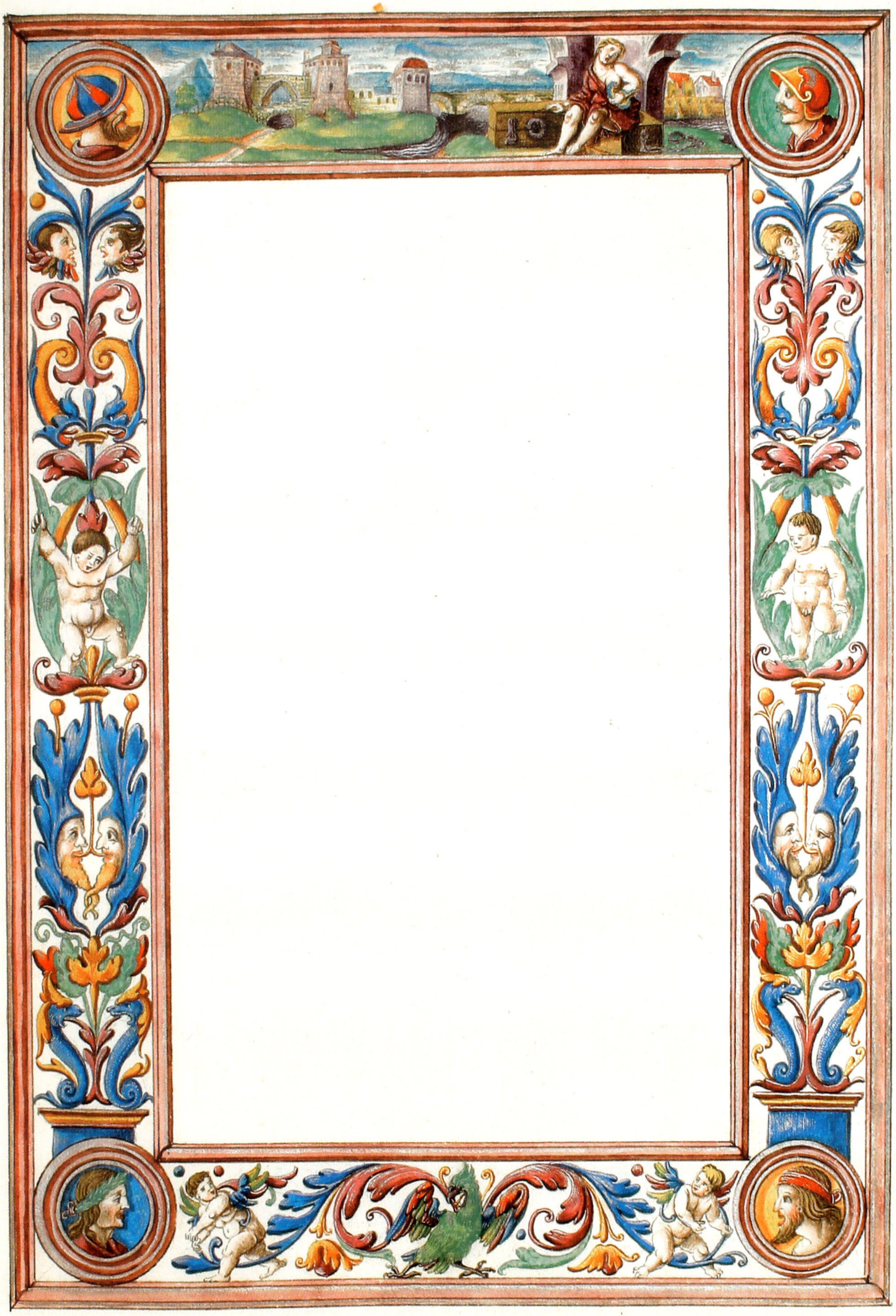

fol. 43r (S. 85)

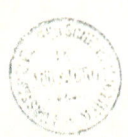

92 fol. 43v (S. 86)

Der Edel vnd Vest Herr Hans Paungartner von
Paungarten/ burger zu Augspurg/ welcher mit jun=
ckfraw Regina fuggerin Anno 1512. Jnn der
Stat Augspurg hochzeit gehabt/ vnd mitein=
ander dreizehen kinder Eelichen erzeuget
Stirbt Anno.

Fraw Regina Fuggerin/ Herrn Georgen
Fuggers Eeliche Tochter/ vnd Herrn
Hansen Paungartners Eeliche Ge=
mahel. Stirbt Anno.

End der vierten Linien.

Anfang der funften Linien.

Junckfraw Regina Fuggerin Herren Ray=
munden Fuggers Eeliche Tochter, welche
gar Jung gestorbenn ist.

Jacob Fugger, Herren Raymunden Fuggers
anders Eelichs kind, welcher in der Jugent
Inn Got verschiden

Herr Hans Jacob fugger / fundator disés
fuggerischen Eernbuchs / vnnd Herren
Raymunden fuggers Eelicher Sone /
welcher   kinder eelichen erzeuget
hat. Stirbt Anno :

Fraw Vrsula von Harroch / des Wolge
bornen herren Leonharten von Harroch
zu Jfraw eeliche tochter vnd herren Hans
Jacobs fuggers fundators ec eeliche gemahel
Stirbt Anno :

Sidonia wazlerin von Lolaus
eine Tochter des Georg wazler und der
praxedis von Montani zte gemahlin des
Johann Jacob fugger. verm: Ao: 1560. † 1573.

fol. 47r (S. 93)

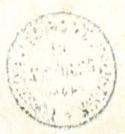

100   fol. 47v (S. 94)

Messig Bstendig

Herr Georg Fugger Herren Raymunden Fug
gers Eelicher Sone, welcher A°: 1542. zu Trient
mit junckfraw Ursula von Liechtenstain her
ren Wilhalm von Liechtenstain eeliche tochter
seinen beyschlaf und hochzeit gantz eerlich ge
halten, mit welcher sein herzlichait
kinder Eelichen erzeuget hat. stirbt A°:

Fraw Ursula von Liechtenstain, Herrenn
Wilhalm von Liechtenstains eeliche tochter
und Herren Georgen fuggers Eelicher ge
mahel, Stirbt Anno.

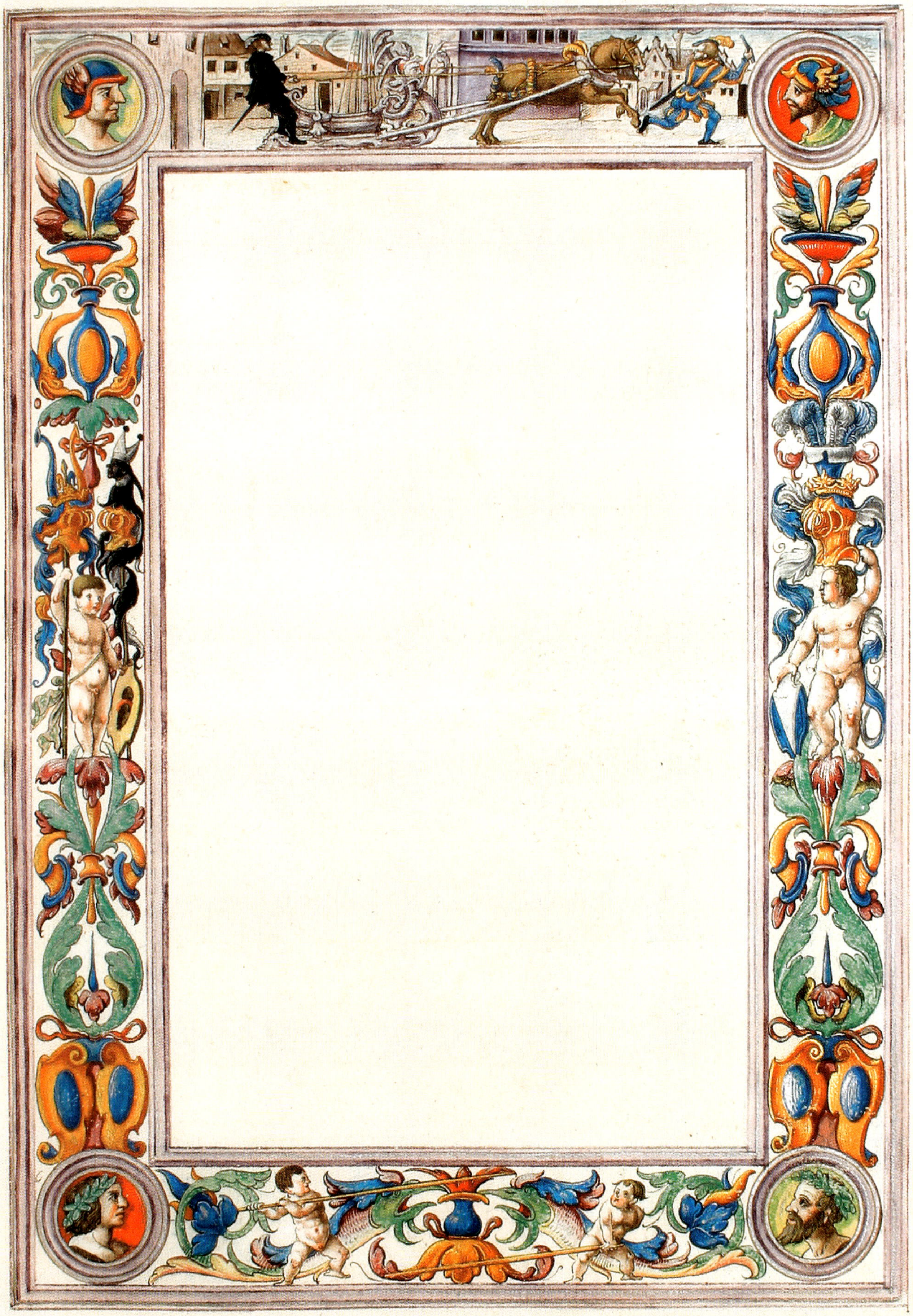

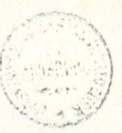

104   fol. 49v (S. 98)

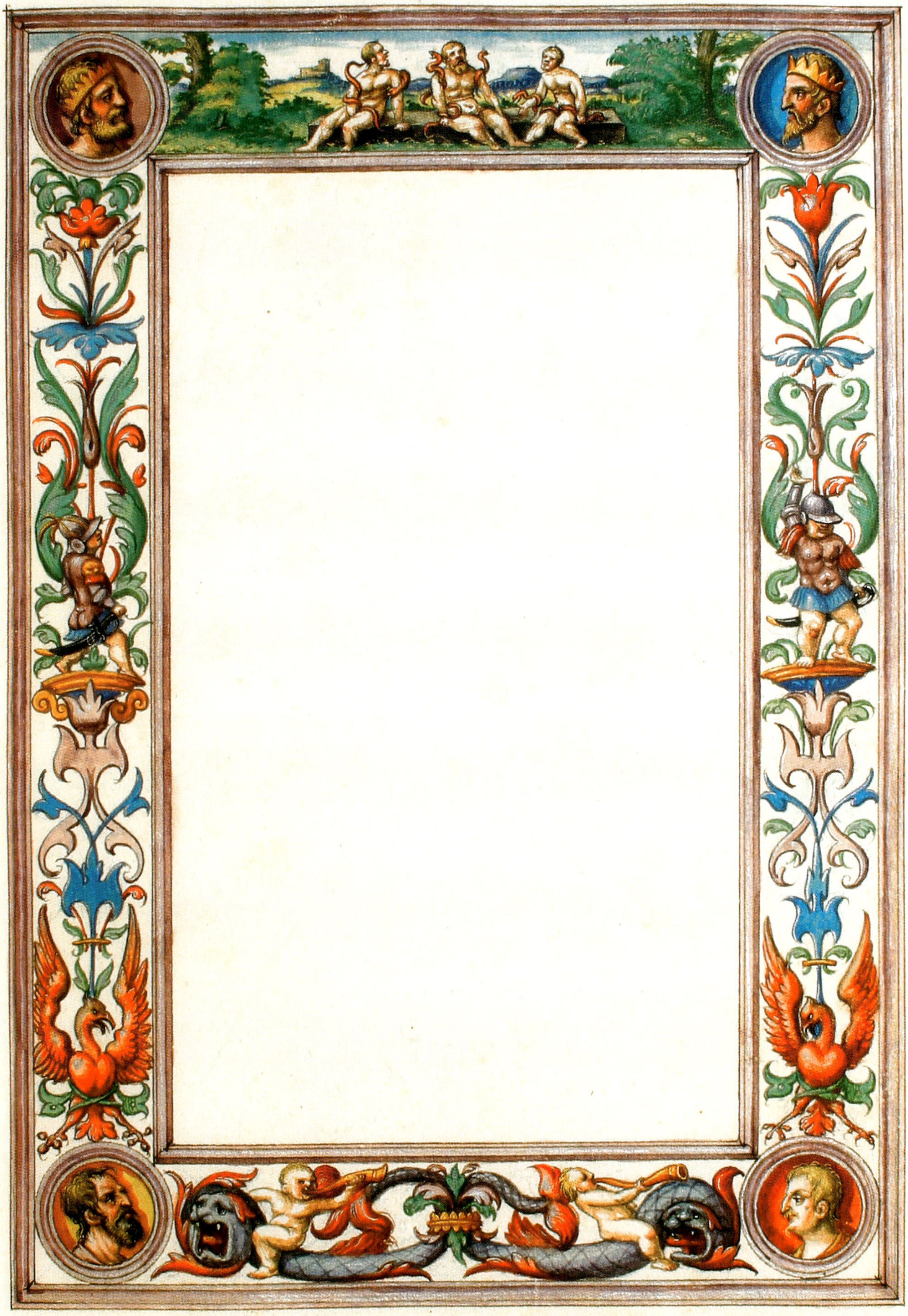

fol. 50r (S. 99)

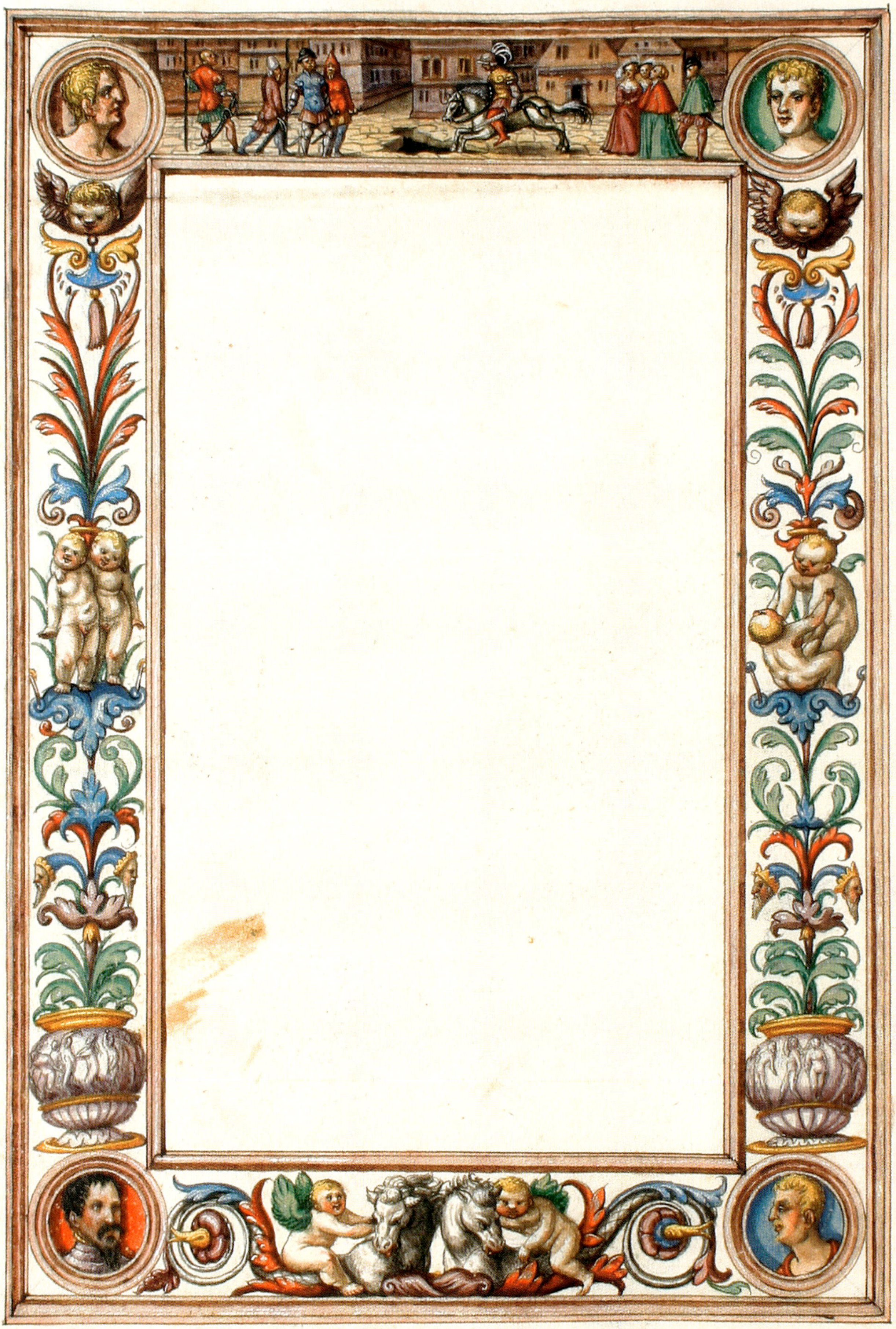

Der Wolgeboren Herr Hans Jacob freiherr zu
Mersperg vnd Beffort / welcher mit fräwlin Re-
gina fuggerin Anno .1558. zu Weissen-
horn seinen beischlaf vnd hochzeit gehalten /
vnd auch etliche kinder mit Ir Elichem
erzeuget hat. Sturbt Anno.

Fraw Regina fuggerin / Herren Raimun-
den fuggers eeliche Tochter / herren Hans
Jacoben freiherren zu Morsperg vnnd
Beffort. Eelicher gemahel. stirbt A°.

Herr Christof Fugger Herren Raymundem
Fuggers Eelicher Sone, geb: 1520. † 1579. Ledig

110   fol. 52v (S. 104)

fol. 53r (S. 105)

112   fol. 53v (S. 106)

Der Wolgeborn herr Wilhalm Freiherr von Kön//
ring, welcher mit fräwlin Sibilla fuggerin, als
Ir erster Eegemahel, Anno 1539 zu Schmitha//
sen beischlaf vnd hochzeit gehalten, Aber An//
no 1541 zu Seefeld in Got verschiden, vnnd
kain kind eelichen mit Ir erzeuget hat.

Der Wolgeborn Herr Wilhalm freiherr zu Bu//
chain, welcher mit fraw Sibilla fuggerin, des
wolgebornen herrn Wilhalmen Freiherzen zu
Königs seligen verlasne wittib Aº 1542 zu
Wien seinen beischlaf vnd hochzeit gehalten,
vnd kaine kinder Eelichen mit ir vberkome
hat. Stirbt 20 Januarij Anno 1547.

Fraw Sibilla fuggerin, herren Raimunds
fuggers Eeliche tochter, vnd zwaier freiher//
ren von Königs vnd von Buchain Eli//
cher Gemahel, Stirbt Anno .

Der Wolgeboren Herr Daniel felix Freiherr zu Spaur vnd Erbschenck Jnn der Graffschaft Tirol, welcher mit fräwlin Veronica fuggerin Anno 1542. zu Schwatz seinen beischlaf vnd hochzeit gehalten, vnd etliche kinder mit Jr Eelichenn vberkomen. Stirbt Anno.

Fraw Veronica fuggerin Herren Raimunden fuggers Eeliche Tochter, vnd des wolgebornen Herren Daniel felix freiherren zu Spaur Erb, schenckn in Tirol Eeliche gemahel. Stirbt Anno.

Susanna Fuggerin, Herren Raymunden Fug-
gers Eeliche Tochter, ist zehenjärig gestorben.

Herr Ulrich Fugger, Herren Raymunden
Fuggers des eltern Eelicher Söne, geb: 1526.
† 1584. Ledig

fol. 56r (S. 111)

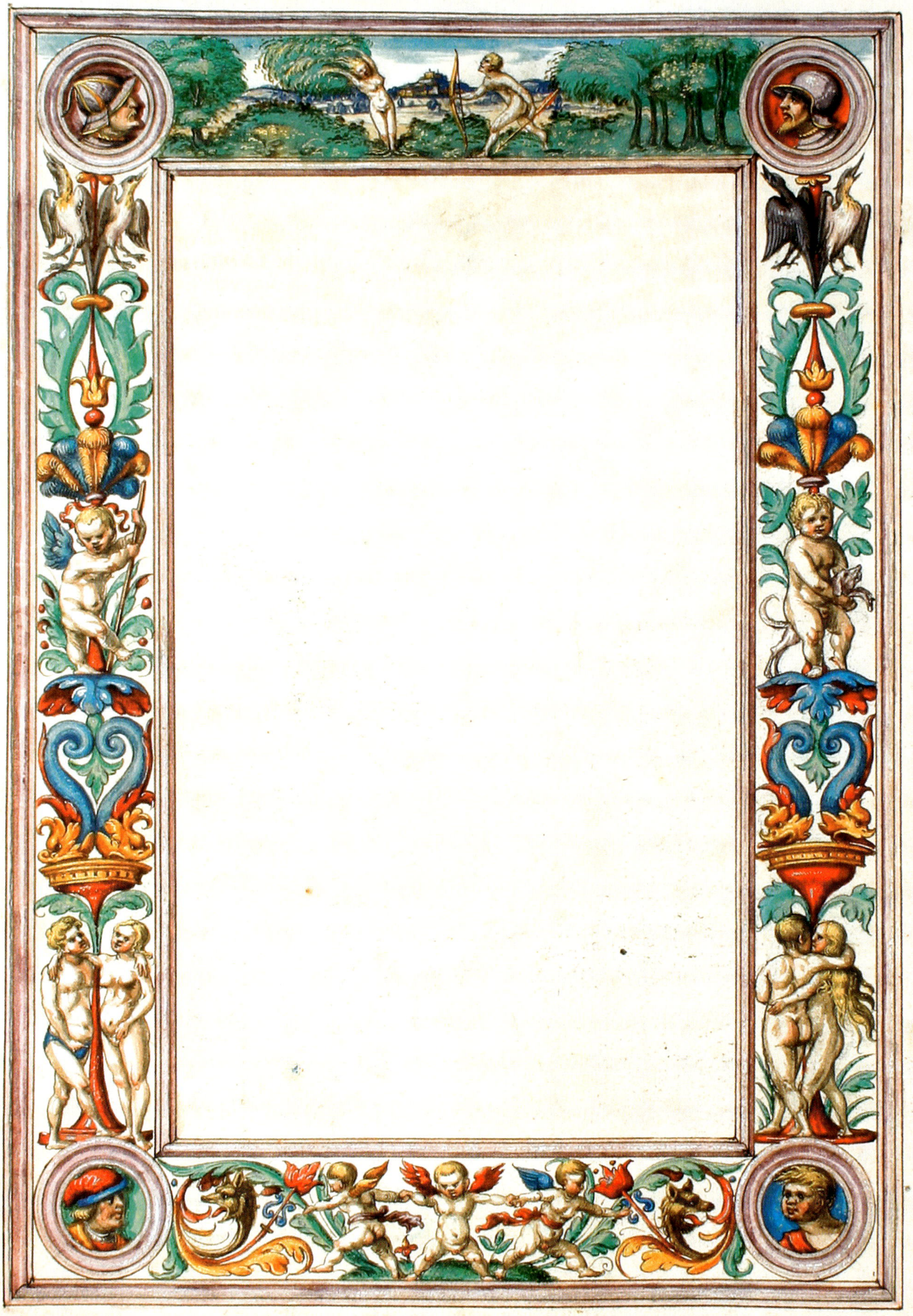

fol. 56v (S. 112)

Der Wolgeborn Herr ferdinandus freiherr zu fels welcher mit freulin Barbara fuggerin, in dem grossen vnd langkwirigen Reichstag zu Augspurg Anno 1548 ganz köstlich vnd herrlich seinen Beyschlaf vnd hochzeit gehalten Graf Hug von Montfort vnd Graf Carl von Zollern haben die braut gefurt, vnd haben die fürsten vnd hohen Potentaten grosse freud gehabt.

Fraw Barbara fuggerin, Herren Raymundt fuggers Eeliche Tochter, vnd des Wolgebornen Herren ferdinandi freiherren zu fels Eeliches gemahel, geb. 1527. verm. 1548 † 1573

Herr Reimar Fugger, Herren Raymundem
Fuggers Eelicher Sone, geb: 1528.
† 1569. Ledig.

fol. 58r (S. 115)

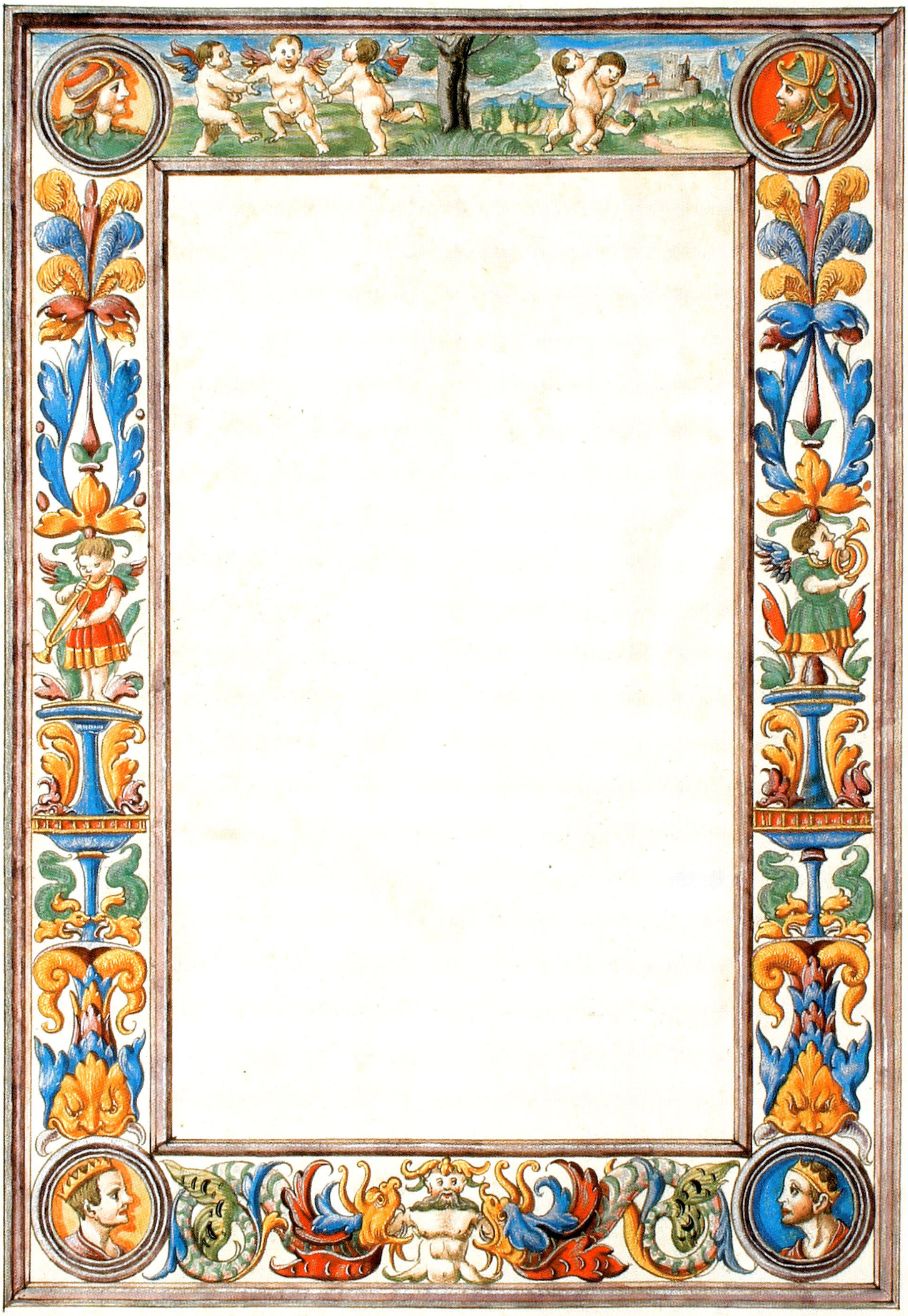

 fol. 58v (S. 116)

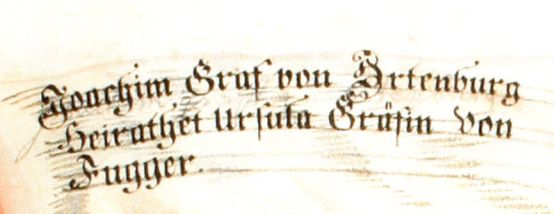

Joachim Graf von Ortenburg heirathet Ursula Gräfin von Fugger.

Ursula Fuggerin Herren Raymunde Fuggers Eeliche Tochter vnd letsts kind, geb. 1530. Ehegemahlin des Herrn Joachim Grafens von Ortenburg. † 1570.

Endt Herren Raymunden Fuggers kinder

Anfang Herren Anthonien Fuggers Kinder.

Herr Marx Fugger, Herren Anthonien Fuggers erster Eelicher Sone, stiftete die Norndorfische Linie. er starb 1597.

Sibilla Gräfin von Eberstein, Herrn Wilhelms von Eberstein und der Johanna von Hanau Tochter, gemahlin des Marx Fugger zu Norndorf. verm: 1557. †. 1589.

fol. 60r (S. 119)

126 fol. 60v (S. 120)

fol. 61r (S. 121)

Johann Fhr: von Rechberg zu Hohenrechberg war versprochen mit Anna Fuggerin die im Brautstand gestorben.

Anna Fuggerin herren Anthonien Fuggers Eeliche Tochter, gebohren 1530. sie war Ehelich versprochen mit Jn: Johann von Rechberg zu hohen Rechberg, starb aber wahrend ihrem Braut-stand. 1549.

Herr Hans Fugger, Herrn Anthonien sfig
gers Eelicher Sone. gebohren 1531
Stifter der Kirch-heimischen Linie. † 1598.

Elisabetha Rothaftin von weissenstein
Eine Tochter des Sebastian und der
Felicitas von Baumgarten Gemahlin
des Johann Fugger. Verm: 1560.
† 1582.

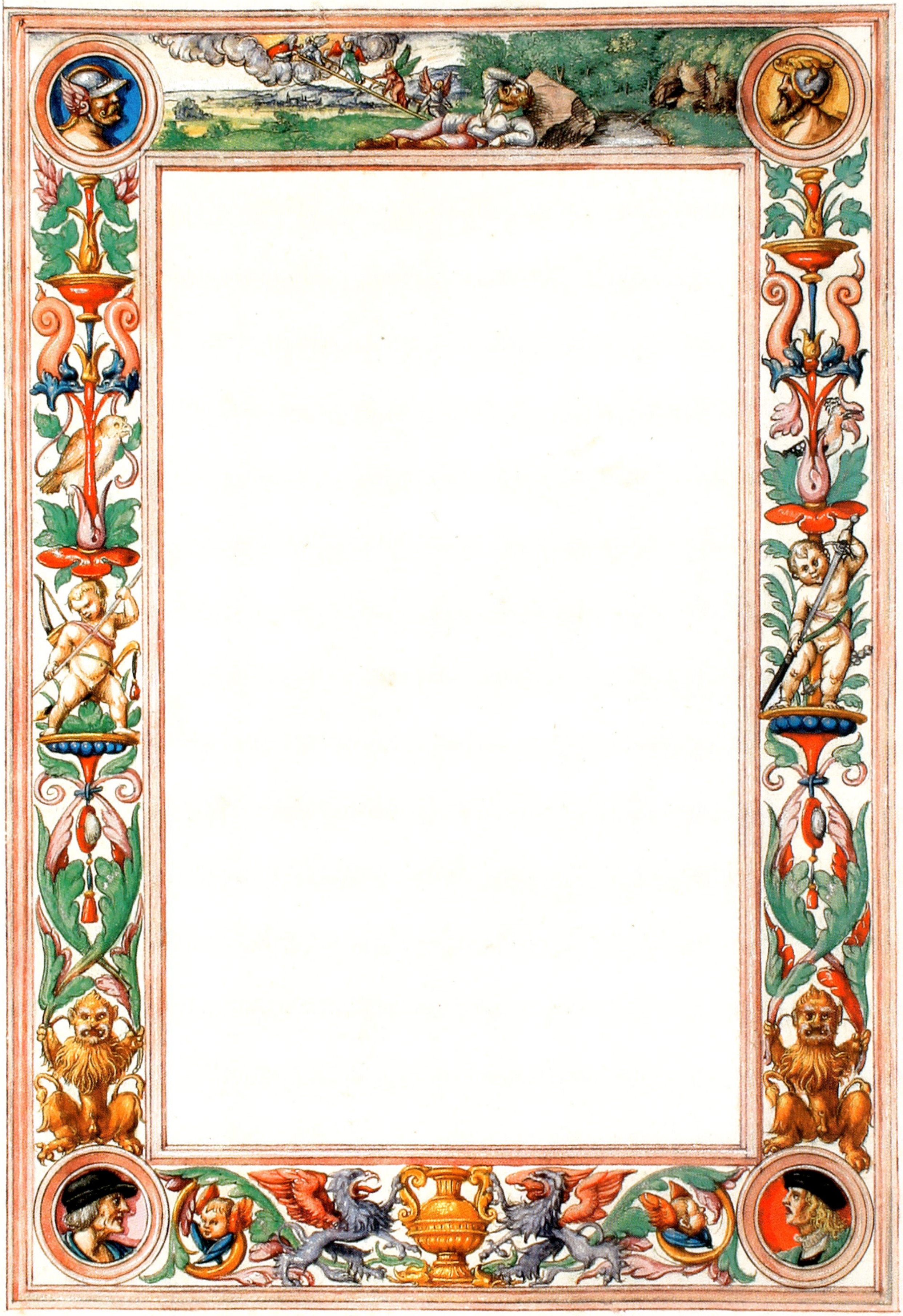

fol. 63r (S. 125)

132   fol. 63v (S. 126)

Jakob Graf von Montfort Heir: 1553.
Katharina Fuggerin.

Katharina Fuggerin Herren Anthonien
Fuggers Eeliche tochter, gebohren 1532.
ward 1553. vermahlt mit Jakob
Grafen von Montfort, und † 1585.

Herr Theronimus Fugger Herren Anthonien Fuggers dritter eelicher Sone, geb. 1555. Starb Ledigen stands zu oberdorf 1575. und ward in der schloß Kirche zu Babenhausen begraben.

fol. 65r (S. 129)

136 fol. 65v (S. 130)

fol. 66r (S. 131)

Wolfgang Dietrich Graf von Hardeck. Heirathet 1555 Regina Fuggerin

Regina Fuggerin Herren Anthonienn Fuggers Eeliche Tochter, geb: 1537 heir: 1555 herrn Wolfgang Dietrich Grafen von Hardeck

Herr Balthasar Freyherr von
Trautson, heir: Susanna Fuggerin.

Susanna Fuggerin Herren Anthonien Fug=
gers Eheliche Tochter, gebohren 1537.
Heir: H: Balthasar v. Trautson † 1588.

fol. 67r (S. 133)

Herr Jacob Fugger, Herren Anthonien Fuggers vierter eelicher Sone, geb: 1542, urheber der Wöllenburg: und Babenhausischen Linie Heürathet Anna Jlsungin von Trazberg. † 1598.

Anna Jlsungin Von Trazberg tochter des Georg und der Anna Löblin gemahlin des Jacob Fugger verm: 1570. † 1601.

fol. 68r (S. 135)

142   fol. 68v (S. 136)

fol. 69r (S. 137)

Michael von Lizing heirathet
Maria Gräfin von Fugger

Maria Fuggerin, Herren Anthonien Fuggers eeliche Tochter, geb. 1543. Ehegemahlin des Michael von Lizing. † 1583.

Gaudenz Freyherr von Spauer
Heirathet Veronica Gräfin
von Fugger

Veronica Fuggerin, Herren Anthonien Fug-
gers eeliche Tochter, geb. 1545. Ehege-
mahlin des Gaudenz Freyherrn
von Spauer. † 1590.

Herr Peter Fugger, Herren Anthonien Fuggers, aus der Ernt=
reichen vnnd Tugentsamen frawen Anna Rechlingerin
seines geliebsten Gemahels erborner letster Eelicher Sone
ist gar Jung gestorben. Anno. 1 5 4 8.

Ende Herrn Antons Fugger
Kinder.

Anfang der Sechsten Linien / mit Herrenn
Hans Jacob Fuggers fundators kinder anfahende.

Sigmund Freyherr von Lamberg
Heirathet 1558. Eleonora Siguna
Gräfin von Fugger.

Leonora Sigunna / Herrn Hans Jacoben
Fuggers fundators 2c erstgeborn eeliche
tochter geb: 1541. Ehegemahlin des Hr:
Sigmund von Lamberg verm: 1558 † 1576

Herr Sigmund Friderich Fugger, Herren
Hans Jacoben Fuggers Fundators xc. Eelicher
Sone, geb. 1542. ward Domdechant zu
Salzburg und Paßau, wie auch Domprobst zu
Regenspurg, und 1598. Bischoff allda † 1600

fol. 80r (S. 159)

150   fol. 80v (S. 160)

fol. 81r (S. 161)

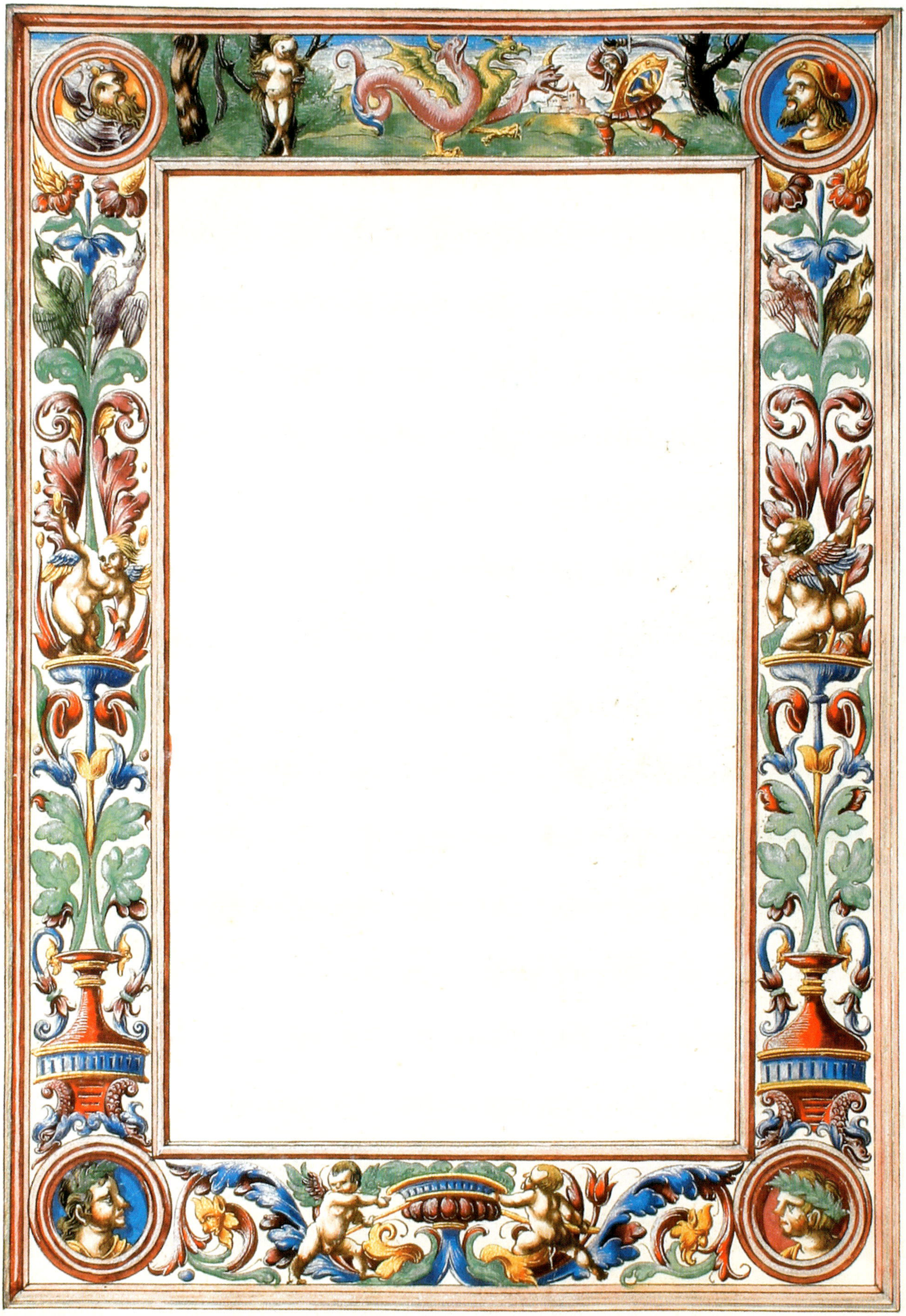

fol. 81v (S. 162)

Herr Carolus Fugger, Herren Hans Jacoben Fuggers Fundators ꝛc. Eelicher Sohn, geb: 1543. war erstlich König Philipps des 2ten in Spanien Mundschenck und Hauptmann bey der gardi, hernach Obrister über 4000 Mann. † 1580.

Johanna Störckin Ehegemahlin des Carl Fugger. Heirathet nach deßen Tod Ludwig Grafen von Biglia.

fol. 82r (S. 163)

fol. 82v (S. 164)

fol. 83r (S. 165)

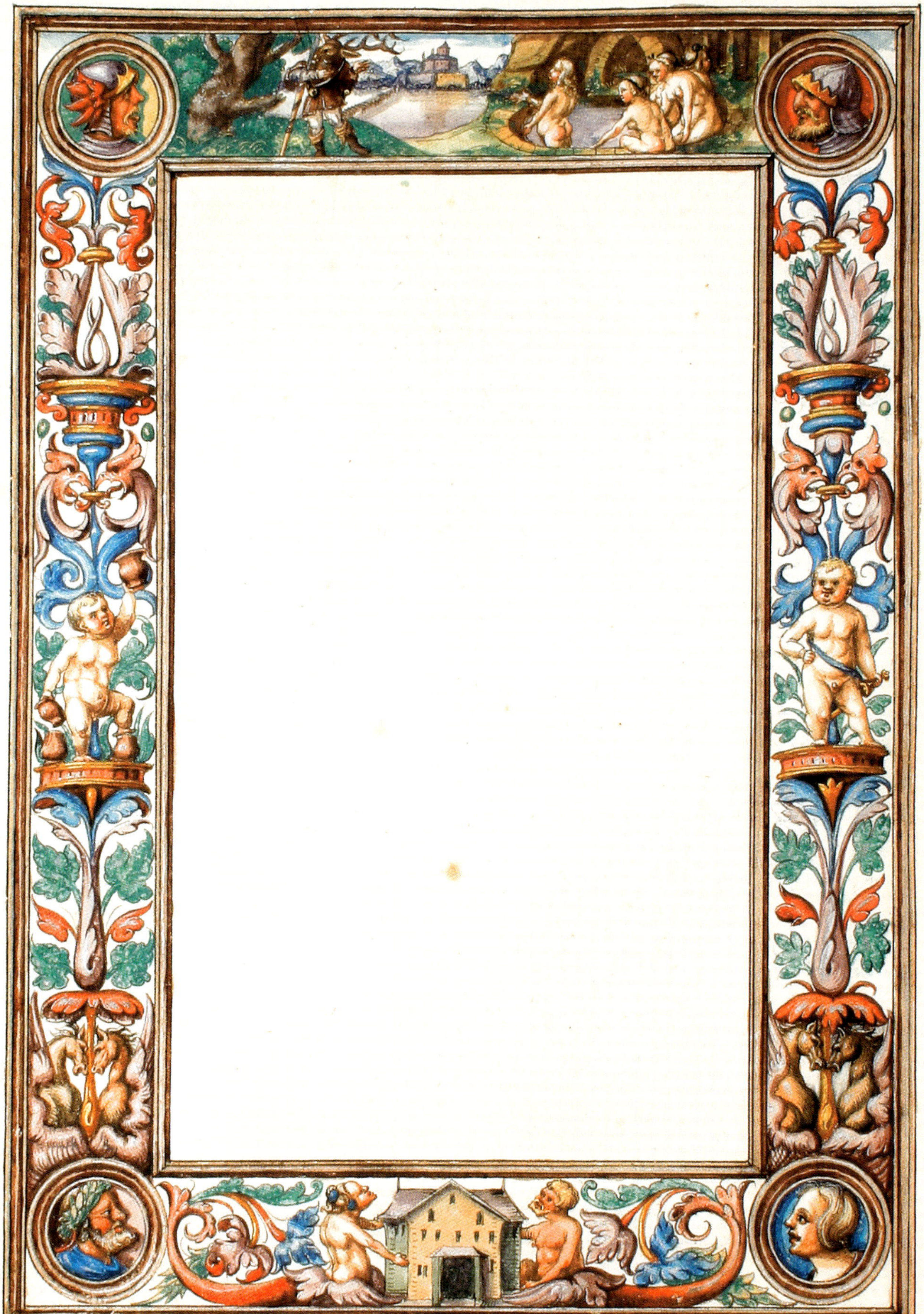

fol. 84r (S. 167)

Herr Alexander Augustus Fugger, Herren Hannss Jacoben Fuggers Fundators, &c. Eelicher Sone, ist Jung gestorbenn.

Herr Alexander Secundus Fugger, herren Hansen Jacoben Fuggers Fundatoris, ꝛc. eelicher Sone, geb: 1546. Domprobst zu Freising, und Probst zu St. Victor nächst Maynz ✝ 1612

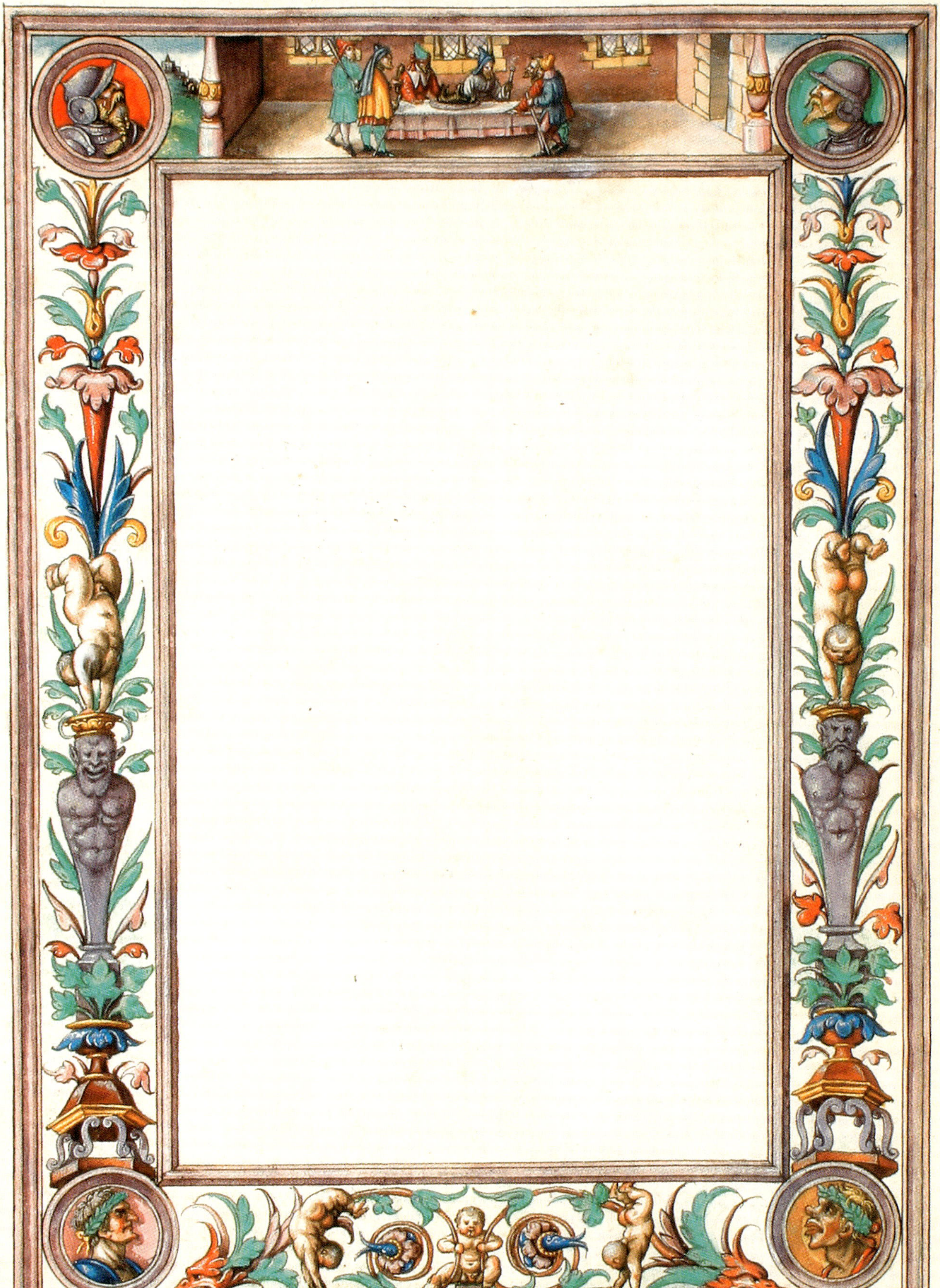

fol. 85v (S. 170)

fol. 86r (S. 171)

fol. 86v (S. 172)

fol. 87r (S. 173)

Herr Victor Augustus fugger, herrn Hans
Jacoben fuggers fundators ꝛc. eelicher Sone
geb: 1547. Domprost zu Regenspurg, und
Domherr zu Passau. Marmilian des 2.ten
Röm: Kaisers geistlicher Raths Präsident.
† zu Wien. 1586.

fol. 88r (S. 175)

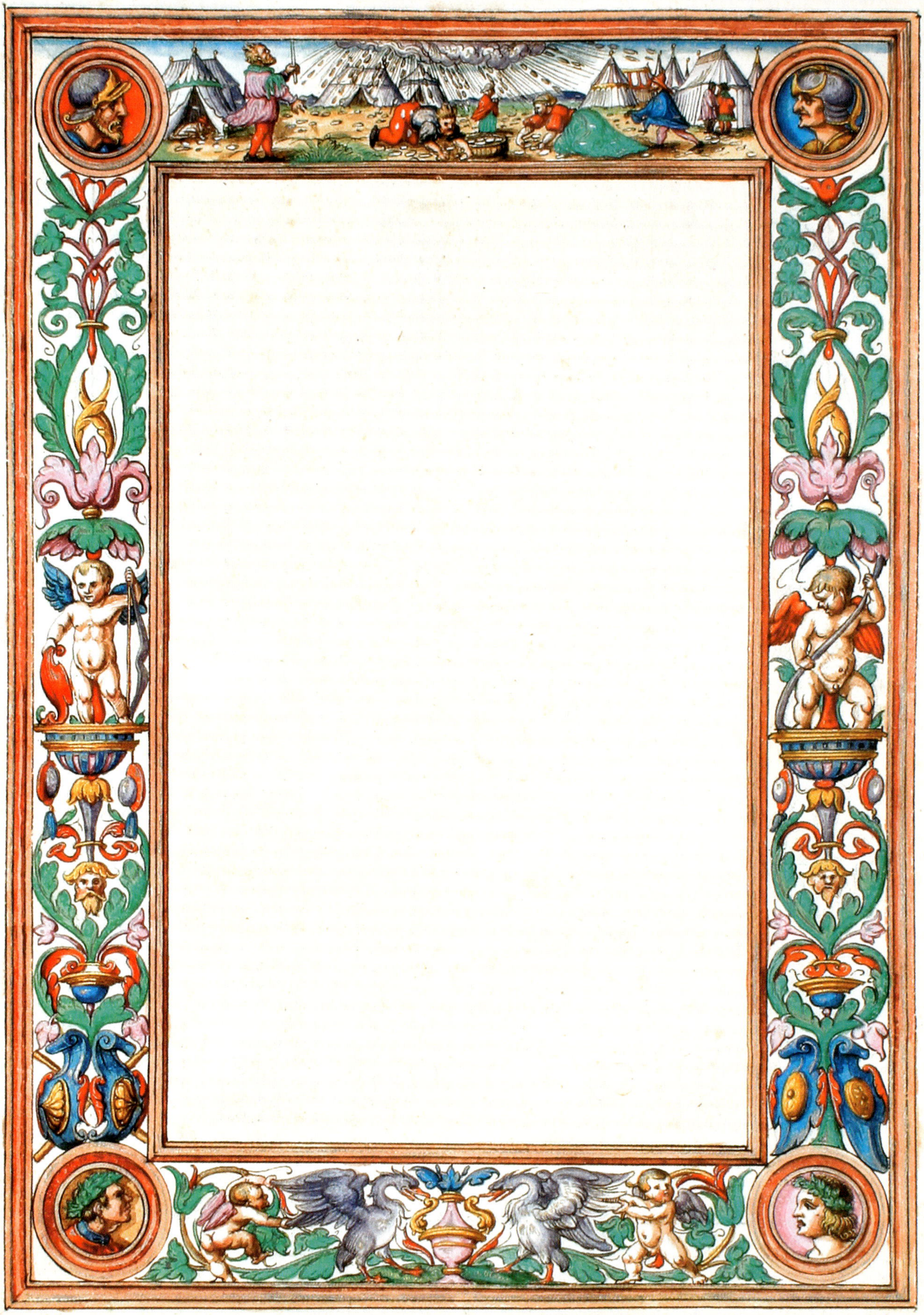

 fol. 88v (S. 176)

Friderich von Hollnegg Ehelicher gemahl der Justina Benigna Gräfin von Fugger.

Justina Benigna Fuggerin des Hans Jacob Fugger und der Ursula von Harrach Eheliche Tochter geb: 1548. Ehegemahl: des Friderich von Hollnegg verm: 1572. † 1600.

Maximilian Fugger ein Sohn des
Hans Jacob und der Ursula von Har-
rach geb: 1550. Deütsch ordens Ritter
und Commenthur zu Sterzingen in
Tyrol. † 1588.

Ferdinand Fugger ein Sohn des Hans Jacob und der Ursula von Harrach geb: 1552. Ritter des H. Stephans orden zu Florenz. † 1580. Ledigen Stands.

Johanna Jacoben Fuggerin
Eheliche Tochter des Hans Jacob
und der Ursula von Harrach, geb.
1553. ✝

Severin Fugger Ehelicher Sohn des Hans Jacob und der Ursula von Harrach geb. 1551. Wilhelm des 5ten Herzogs in Bairen Stadtpfleger zu Fridberg. Heirathet Catharina Gräfin von Helfenstein. † 1601.

Catharina Gräfin von Helfenstein des Ulrichs, und der Cattarina von Montfort Tochter Ehegemahlin des Herrn Severin Fugger.

Ende des Herrn Hans Jacob Fuggers Kinder aus 1ter Ehe.

Des Johann Jacob Fuggers
Kinder aus der 2.ten Ehe mit der
Sidonia von Colaus.

Christoph Freyherrn v: Welsperg Heirathet Adelberta Gräfin von Fugger.

Adelberta Fuggerin Eheliche Tochter des Joh: Jacob Fugger und der Sidonia von Colaus geb: 1560. Ehegemahlin des Herrn Christoph Freyherrn von Welsperg. † 1611.

Alerius Fugger Chelicher Sohn des
Johann Jacob und der Sidonia v: Colans
geb. 1562. Heirathat Anna Maria
von Humppenberg †

Anna Maria von Humppenberg
Tochter des Johann Ludwigs, und der
M: Elisabetha von Seibolstorf, Ehege=
mahlin des Alerius Graf Fuggers

Joachim Fugger Ehelicher Sohn des Johann Jacob und der Sidonia von Colaus geb: 1563. Wilhelm Herzogs in Baiern Rath und Kämerer, wie auch Regierungs Präsident und Hauptmann zu Burghausen. Heirathet Maria Magdalena von Helfenstein.

Maria Magdalena von Helfenstein Eheliche gemahlin des Joachim Graf Fuggers.

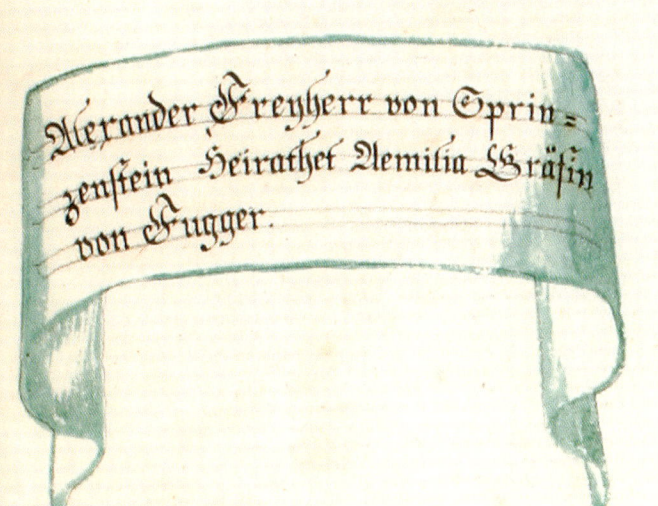

Alexander Freyherr von Sprin=
zenstein Heirathet Aemilia Gräfin
von Fugger.

Aemilia Fuggerin Eheliche Tochter
des Johann Jacob und der Sidonia
von Colaus geb: 1564. Ehegemahlin
des Herrn Alexander Freyherrn
von Sprinzenstein. † 1611.

Albert Fugger Ehelicher Sohn des Joh:
Jacob und der Sidonia von Colaus.
geb: 1565. Heirathet Anna Katharina
Freyin von Bumppenberg.

Anna Katharina Freyin von Bumppen=
=berg Tochter des Johann Ludwig, und der
Maria Elisabetha von Seibolstorf. Ehege=
=mahlin des Albert Graf Fuggers
verm: 1600.

Alphonsus Fugger Ehelicher Sohn
des Johann Jacob und der Sidonia von
Colaus geb: 1567. † 1569.

Bernardin Freyherr von Hörmanstein
Heiratjet Konstantia Gräfin von
Fugger.

Konstantia Fuggerin Eheliche Tochter des
Johann Jacob und der Sidonia von Colaus
geb: 1568 Eheliche gemahlin des Herrn
Bernardin Freyherrn von Hörmanstein
verm: 1592 † 1594.

Konstantin Fugger Ehelicher Sohn des
Johann Jacob und der Sidonia von
Colaus geb: 1569. Hofmeister der Erz=
herzogin Anna von Oesterreich. Regierungs
Präsident zu Landshut. Heir: Anna
Münchin von Münchsdorf. † 1627. drey
von seinen Söhnen haben drey Linien,
Köttersdorf, Simetingen, und Adelshofen
errichtet.

Anna Münchin von Münchsdorf und
Münchhausen Tochter des Klemens und
der Katharina von Berwang Ehege=
mahlin des Konstantin Graf Fuggers
verm: 1597.

Trajanus Fugger Ehelicher Sohn des
Johann Jacob und der Sidonia von
Colaus, geb: 1571. Heirath: Regina von
Freyberg. † 1609.

Regina von Freyberg in Achstetten
Tochter des Johann Georg und der
Sabina von Freyberg Eisenberg Ehe-
gemahlin des Trajanus Graf Fugger

Mathias Fugger Ehelicher Sohn des
Johann Jacob und der Sidonia v. Colaus
geb: 1572. Heirathet Anna Jacobea
von Rögeritz. † 1600.

Anna Jacobea von Rögeritz Eheliche
gemahlin des Mathias Graf Fuggers
verm: 1599.

Ende des Herrn Hans Jacob
Fuggers Kinder aus 2.ter Ehe.

Anfang Herren Georgen Fuggers kinder

Jacob Villinger Freyherr von Schönberg Heirathet Sidonia Isabella Gräfin von Fugger.

Sidonia Isabella Herren Georgen Fuggers Eeliche tochter, geb: 1543. Ehegemahlin des Herrn Jacob Villinger Freyherrns von Schönberg. verm: 1563 † 1601

Herr Julius Octauianus Fugger Herrenn
Georgen Fuggers Eelicher Sone Ist In
der Jugent gestorben.

Herr Philippus Eduardus Fugger, Herrn Georgen Fuggers Eelicher Sohne, geb. 1546. Graf und Herr zu Kirchberg und Weißenhorn. Heirathet Maria Magd. Freyin von Königseck † 1618.

Maria Magdalena Freyin von Königs=eck des Johann Jacob und der Eli=sabetha gräfin von Montfort Toch=ter Ehegemahlin des Philipp Eduard Fugger. verm: 1573. † 1592.

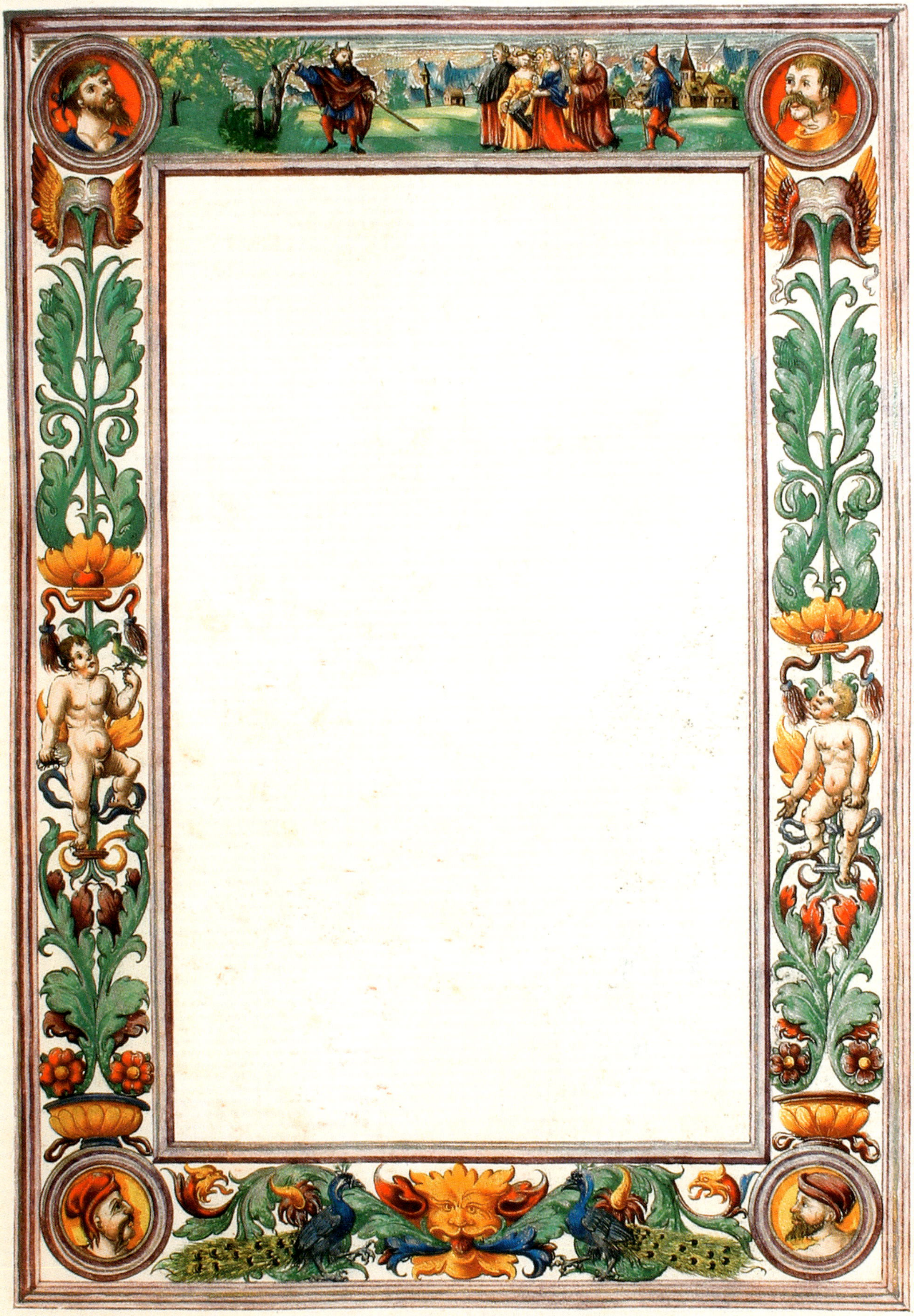

fol. 103r (S. 205)

Heinrich Graf von Orten=
burg Heirathet Anna Jacobea
Gräfin von Fugger.

Anna Jacoba Herren Georgenn
Fuggers Eeliche Tochter, geb: 1547.
Ehegemahlin des Herrn Heinrich
Grafens von Ortenburg.

Octavian Secundus Fugger Ehelicher Sohn
des Georg und der Ursula von Lichten=
stein geb. 1549. Kaiser Rudolph des 2.ten
Rath und Stadtpfleger zu Augsburg
Heirathet Maria Jacobea Fuggerin † 1600

Maria Jacobea Fuggerin Tochter
des Johann und der Elisabetha Nothaf=
tin von Weißenstein Ehegemahlin
des Octavian Secundus Fugger
verm: 1579. † 1588.

Julius Marimilian Fugger
Eheücher Sohn des Georg und
der Ursula von Lichtenstein.
geb: 1550. † 1563.

Anton Fugger Graf und Herr zu Kirch=
berg und Weißenhorn Ehelicher Sohn des
Georg und der Ursula von Lichtenstein, geb.
1552. Friderichs des 3ten Churfürstens v: Pfalz
und Ferdinands Erzherzogs von Österreich Rath
1.tens Barbara Gräfin von Helfenstein 2.tens
Ursula Truchseßin von Höfingen. †.1616.

Barbara Gräfin von Helfenstein Ulrichs
und der Catharina von Montfort, Eheliche ge=
mahlin des Herrn Anton Fuggers. †.1605.

Ursula Truchseßin von Höfingen des Wilhelms
und der Theodora Ehrerin Tochter, 2.te Eheliche
gemahlin des Herrn Anton Fugger verm: 1608.

Raymund Fugger Ehelicher Sohn des Georg und der Ursula von Lichtenstein. geb: 1553. Heirathet Juliana Von Heydorf. † 1606.

Juliana Von Heydorf Christoph Friderichs und der Helena Catharina Wotschin von Zwingenberg Tochter Ehegemahlin des Raymund Fugger verm: 1583. † 1611.

Maria Virginia Fuggerin Eheliche Tochter des Georg und der Ursula von Lichtenstein. geb: 1555. † 1556. den 10.ten Januarÿ.

Albertus Fugger Ehelicher
Sohn des Georg und der Ursula
von Lichtenstein geb: 1557 † 1565.

Mechtildis Fuggerin Eheliche Tochter des Georg und der Ursula von Lichtenstein geb: 1558. † 1569.

Maria Fuggerin Eheliche Tochter des Georg und der Ursula von Lichtenstein geb: 1560. † den 1ten Tag nach ihrer geburt.

Ursula Fuggerin Eheliche Tochter des
Georg und der Ursula von Lichtenstein
geb. 1562. Eheliche gemahlin 1tens des
Herrn Caspar Freyherrn von Megau. 2tens
des Johann Jacob Löwel Freyherrn in Grien=
=burg † 1602.

Caspar Freyherr von Megau Heirathet
Ursula Gräfin von Fugger. 1585.

Johann Jacob Löwel Freyherr von Grienburg
2ter Ehelicher gemahl der Ursula Gräfin v. Fugger.

Johann Georg Fugger Ehelicher
Sohn des Georg und der Ursula von
Lichtenstein geb: 1566 † 1585.

Ende des Herrn Georg Fuggers
Kinder.

Genealogische Deduction Der Herrn Grafen Fugger Weißenhorn = Kirchbergischen Astes Bis auf izige Zeiten.

Christina Fuggerin des Philipp Eduard und der Maria Magdalena von Königseck Tochter geb: 1573. † 1574.

Barbara Fuggerin des Philipp Eduard
und der Maria Magdalena v. Königseck
Tochter geb: 1577. wurde 1594. vermählt
mit Philipp Fugger. und nach deßen Tod
mit Ulrich Graf von Oettingen 1604.
† 1605.

Philipp Graf Fugger Heirathet
Barbara Gräfin v. Fugger.

Ulrich Graf von Oettingen Heirathet
1604. Barbara Gräfin v. Fugger.

Carl Graf von Fugger Ehelicher Sohn des Philipp Eduard und der Maria Magdalena von Königseck geb: 1581. Reichs Raths Präsident zu Speyer, Kaiserl: Rath, auch Kamerer Pabst Paulus des 5.ten Domherr zu Kostanz, Dechant zu Salzburg † 1642

Philipp Adam Freyherr von Freyberg in Achstetten Heirathet 1612. Anna Sophia Gräfin von Fugger.

Anna Sophia Fuggerin des Philipp Eduard und der Maria Magdalena von Königseck Tochter geb: 1585. Ehegemahlin des Herrn Philipp Adam Freyherrn von Freyberg in Achstetten. verm: 1612. †

Friderich Graf Fugger
Ehelicher Sohn des Philipp Eduard
und der Maria Magdalena von Königs=
eck geb: 1586. † 1654. Ledig.

N. Freyherr von Preising Heirathet Justina Gräfin von Fugger.

Justina Fuggerin des Philipp Eduard und der Maria Magdalena von Königseck Tochter geb. 1588. Ehegemahlin N. Freyherrn von Preising † zu Innsprug.

Hugo Fugger Graf von Kirch=
berg und Weißenhorn Ehelicher Sohn
des Philipp Eduard und der Maria
Magdalena von Königseck geb: 1589.
Heirathet 1618 Maria Juliana Völin
von Frickenhausen. ✝ 1627

Maria Juliana Völin Freyin v.
Frickenhausen Tochter des Carl
und der Maria von Roth Ehege=
mahlin des Hugo Grafens Fugger
verm: 1618. ✝ 1653.

Veit Ernst Freyherr von Rech=
berg zu Hochen Rechberg Erzher=
zogl: Rath und Kämerer, wie auch
Landvogt der Marggrafschaft Bur=
gau. Heirathet M: Magd: Gräfin
von Fugger.

Maria Magdalena Fugger in Ehe=
liche Tochter des Hugo und der M:
Juliana Böhlin geb: 1621. Ehege=
mahlin des Herrn Veit Ernsts Freyh:
von Rechberg. Verm: 1644 † 1671.

Bero Freyherr von Rechberg Heirathet Maria Francisca Gräfin von Fugger.

Maria Francisca Fuggerin Eheliche Tochter des Hugo und der M: Juliana Vöhlin. Eheliche gemahlin des Herrn Bero Freyherrn von Rechberg geb: 1625. verm: 1645.

Carl Philipp Fugger Graf zu Kirch-
berg und Weißenhorn Eheliches
Sohn des Hugo und der M: Juliana
Böhlin geb: 1622. Heirathet Ursula
Margaretha von Pappenheim † 1654.

Margaretha Ursula Freyin von
Pappenheim Eheliche gemahlin des
Carl Philipp Graf Fugger.

Albert Fugger Graf von Kirchberg und
Weißenhorn Ehelicher Sohn des Hugo
und der Maria Juliana Böhlin geb: 1624.
Kaiser Ferdinand des 3ten und Leopold
des 1ten Kämerer und obrist Jägermeister
der Marggrafschaft Burgau. hatte zwo ge=
mahlinen : 1tens Maria Francisca Gräfin
v. Fugger. 2tens M. Dorothea Freyin
von Schauenburg. †

Maria Francisca Fuggerin des Otto Heinrich
Fugger in Kirchhein, und der M: Elisab: Truchseßin
in Waldburg Tochter. Ehel: gemahl: des H: Albert Fugger † 1674.

M: Doroth: Freyin v. Schauenburg des Joh: Reinhard
und der Anna Walburga Freyin von Wachenheim
Tochter Ehel: gemahl: des Herrn Albert Fugger. verm 1674.

Maria Justina Fuggerin Eheliche Tochter des Carl Philipp und der Margaretha Ursula Freyin von Pappenheim. geb: 1653.

Hugo Friderich Fugger Graf von Kirchberg und Weißenhorn des Karl Philipp und der Margaretha Ursula freyin von Pappenheim Ehelicher Sohn, geb. 1649. Heirathet Maria Theresia Gräfin von Fugger. † 1690. ohne erben.

Maria Theresia Fuggerin des Johann Franz Fugger in Babenhausen und der Maria Kordula von Vöhlin Tochter Eheliche gemahlin des Herrn Hugo Friderich Fugger. †

Hugo Otto Graf Fugger des Albert und der Maria Francisca Fuggerin Ehelicher Sohn geb: 1652. †

Ferdinand Sigmund Graf Fugger des Albert und der Maria Francisca Fuggerin Ehelicher Sohn geb: 1654. † 1655.

Johann Eduard Graf Fugger des Albert und der Maria Francisca Fuggerin Ehelicher Sohn geb: 1655. †

Ferdinand Eusebius Graf Fugger des Albert und der Maria Francisca Fuggerin Ehelicher Sohn geb: 1656. †

Maria Eleonora Fuggerin des Albert
und der Maria Francisca Fuggerin
Eheliche Tochter geb: 1657. † 1658.

Maria Elisabetha Fuggerin des Albert
und der Maria Francisca Fuggerin
Eheliche Tochter geb: 1658. † 1659.

Maria Victoria Fuggerin des Albert
und der Maria Francisca Fuggerin
Eheliche Tochter. geb: 1659. †

Franz Sigmund Joseph Fugger Graf zu Kirchberg und Weißenhorn des Albert und der Maria Francisca Fuggerin Ehelicher Sohn. geb: 1661. Heirathet Maria Anna Theresia Gräfin von Muggenthal zu Waal. † 1720.

Maria Anna Theresia Gräfin von Muggenthal, des Konrad Sigmund und der Maria Anna Gräfin Fuggerin Tochter Eheliche gemahlin des Franz Sigmund Joseph Fugger. Verm: 1691 † 1721.

Otto Hermann Ignaz Graf Fugger des Albert und der Maria Francisca Fuggerin Ehelicher Sohn. geb. 1667 † 1670.

Franz Ferdinand Anton Graf Fugger des Albert und der Maria Francisca Fuggerin Ehelicher Sohn. geb. 1664 †

Anna Johanna Francisca Fuggerin des Albert und der Maria Francisca Fuggerin Eheliche Tochter. geb: 1665. Stift-Dame zu Buchau † 1700.

Tiberius Albert Fugger Graf
von Kirchberg und Weißenhorn des
Albert und der Maria Francisca
Fuggerin Ehelicher Sohn, geb:
1666. Deütsch ordens Ritter. †

Margaretha Elisabetha Juliana Fuggerin des Albert und der Maria Francisca Fuggerin Eheliche Tochter. geb: 1668 †

Idda Magdalena Theresia Fuggerin des Albert und der Maria Francisca Fuggerin Eheliche Tochter. geb: 1669 † 1671

Christoph Anton Dominicus Graf Fugger des Albert und der Maria Francisca Fuggerin Ehelicher Sohn geb: 1671 † e.a.

Bonaventura Graf Fugger des Albert und der M: Francisca Fuggerin Ehelicher Sohn. geb: 1673 † 1698

Paris Georg Graf Fugger von Kirchberg und Weißenhorn des Albert und der M. Francisca Fuggerin Ehelicher Sohn. geb. 1651. Heirathet Anna Leonora Gräfin v. Königseck in aulendorf. † 1698. ohne Erben.

Anna Leonora Gräfin von Königseck des Johann Georg und der Leonora Gräfin von Hohen-Embs Tochter. Eheliche gemahlin des Herrn Paris Georg Graf Fugger.

Maria Theresia Fuggerin des
Albert und der Maria Dorothea von
Schauenburg Eheliche Tochter
geb: 1678. † e. a.

Maria Eleonora Fuggerin des
Albert und der Maria Dorothea von
Schauenburg Eheliche Tochter
geb: 1679. † e. a.

Johann Ludwig Graf Fugger
des Albert und der M: Dorothea
von Schauenburg Ehelicher Sohn
geb: 1675. † 1676.

Rupert Anton Christoph Fugger Graf von Kirchberg und Weißenhorn, Herr zu Kirchberg rc: des Albert und der Maria Dorothea von Schauenburg Ehelicher Sohn geb. 1683. Kaiserl: Kämerer. Heirathet 1710. Maria Anna Martina Gräfin von Weisperg. † 1746. ohne Erben.

Maria Anna Martina Gräfin von Welsperg des Guidobald und der M. Ursula von Spaur Tochter Ehegemahlin des Herrn Rupert Anton Christoph Graf Fuggers. Verm. 1710. † 17__

Adam Franz Joseph Fugger Graf von Kirchberg und Weißenhorn des Herrn Franz Sigmund Joseph, und der Maria Anna Theresia Gräfin von Muggenthal Ehelicher Sohn geb: 1695. Kaiserl: Chur= Cöllnisch= und Churbairischer Kämerer, des Chur=Cöllnischen Ritter Ordens Groß= Kreüz, der Raymunds Linie Senior, und 2:ter Stiftungs Administrator. † 1761.

Maria Isabella Antonia Freyin von Schönberg auf Frauenthurn des Joh: Andreas, und der Maria Anna Hielin Freyin von Bielsperg Tochter geb: 1693. St: K. O. Dame. Ehegemahlin des Herrn Adam Franz Joseph Graf Fuggers. Verm: 17_ _ † 1762.

Maria Anna Gräfin von Fugger
des Adam Franz Joseph, und der
Maria Isabella Antonia Freyin von
Schönberg Eheliche Tochter. geb. 1719
Gestorben den 30 Jany 1800

Franz von Paula Fugger Graf
von Kirchberg und Weißenhorn des
Herrn Adam Franz Joseph und der
Maria Isabella Antonia Freyin von
Schönberg Ehelicher Sohn. geb: 1720.
Deütsch Ordens Ritter. † 17__

Karl Albert Franz Adam Fugger
Graf von Kirchberg und Weißenhorn des
Herrn Adam Franz Joseph und der Maria
Isabella Antonia Freyin von Schönberg
Ehelicher Sohn geb: 1721. Maltheser Ritter
und Kommenthur zu Bruchsal und Kron=
=weißenburg. † 17__

Johann Nepomuck Klemens August Fugger Graf von Kirchberg und Weißenhorn rc. des Herrn Adam Franz Joseph und der Maria Isabella Antonia Freyin von Schönberg Ehelicher Sohn geb: 1724. beeder R:K:A:K:M:Kämerer. Heirathet Maria Anna Walburga Gräfin von Welsperg.

Maria Anna Walburga Gräfin von Welsperg des Joseph, und der Gabriela Gräfin von Sprinzenstein Tochter geb: 1729. Ehegemahlin des Herrn Johann Nepomuck Klemens August Grafen Fuggers verm: 17..

Maria Isabella Gräfin von Fugger
des Herrn Franz Adam Joseph, und der
Maria Isabella Antonia Freyin von
Schönberg Eheliche Tochter. geb: 1725.
Heirathet 1:tens Herrn Franz Xavier
Freyh: von Stein zum Rechtenstein
2:tens Herrn N. Freyherrn v: Landsee

Franz Xavier Freyherr von Stein zum
Rechtenstein, K. K. Kämerer und General
Feld-Wachtmeister. Heirathet Maria
Isabella Gräfin von Fugger † 176_

N. Freyherr von Landsee Heirathet
Maria Isabella Gräfin v. Fugger.

Joseph Anselm Fugger Graf von Kirchberg und Weißenhorn des Herrn Franz Adam Joseph und der Maria Isabella Antonia Freyin von Schönberg Ehelicher Sohn geb: 1753. Deutsch=Ordens Ritter, wie auch Herzogl: Würtenberg: Kämerer und Obrist Wacht=meister der Garde zu pferdt.

Anton Joseph Fugger Graf von
Kirchberg und Weißenhorn des Johann
Nepomuck Klemens August und der Maria
Anna Walburga Gräfin von Weßperg
Ehelicher Sohn. geb: 1750. den 1.ten
Merz. gestorben den 7. ten Hornung
1790 —

Franz Karl Fugger Graf von Kirch=
berg und Weißenhorn des Johann
Nepomuck Klemens August und der
Maria Anna Walburga Gräfin von
Welsperg Ehelicher Sohn geb. 1751
den 1ten Aug: Maltheser Ritter.

Maria Edda Gräfin von Fugger
des Johann Nepomuck Klemens August
und der Maria Anna Walburga Grä=
fin von Welsperg Eheliche Tochter geb:
1754. den 30. Merz.

Maria Aloisia Anselmina Gräfin von
Fugger des Johann Nepomuck Klemens
August, und der Maria Anna Wal-
burga Gräfin von Welsperg Ehe-
liche Tochter geb: 1756. den 18. Febr.

Philippus Nerius Fugger Graf von Kirchberg und Weißenhorn des Joh: Nepomuck Klemens August und der M: Anna Walburga Gräfin v: Welsperg Ehelicher Sohn geb: 1760. den 12. Octob: gestorben den 20ten April 1785 — beerdigt den Hartmeystiers in Augen

fol. 130v (S. 260) bis fol. 167v (S. 334): leere Seiten

Hernach volget das ander tail dises Fuggerischen Eernbuchs welches tail das Fuggerisch Geschlecht von dem Lech Manß Stammens vnd Namens in guter Ordnung Inn sich hellt.

.1545.

Anfang in der andern Linie

Herr Andreas Fugger, Hansen Fuggers des Namens der erst, Eelicher Sone hat nachvolgende kinder Eelichen erzeuget

Fraw Barbara Stamlerin Herren Ulrichen Stamlers Eeliche tochter, vnd herren Andreas fuggers eelicher gemahel

Andreas Fugger Hansen Fuggers des Jüg
niens der erst/erstgeborner Eelicher Sone/welcher mit Junck
fraw Barbara Stamlerin Ulrichen Stamlers Eeliche tochter
Anno. 14   den Monat   zu Augspurg
Eerlichen hochzeit gehalten hat.

Anfang der drittenn Linien, mit Herren Andreas Fuggers Kinder anfahende.

Junckfraw Anna, Herren Andreas Fuggers erste Eliche tochter, ist gaistlich worden, vnd in dem Closter zu dem hohen holtz Benedicter ordens Conuentualis gewesenn, hat auch Ir leben darinn geendet.

Herr Thoman Grander / Burger / vnnd
ein gwaltiger kauffman zu Augspurg /
hat etliche kinder mit fraw Barbara
Fuggerin Eelichem erzeuget.

Fraw Barbara Fuggerin / Herrenn
Andreas Fuggers Eeliche Tochter /
vnd Herren Thoman Granders
Eeliche Haußfraw.

Herr Lucas Fugger, Herren Andreas Fuggers erstge-
borner Son, hat zway Eeliche weiber gehabt.

Fraw Anna Domingerin, Her-
ren Lucassen Fuggers erste
Eeliche hausfraw.

Fraw Clara Cöntzelmennin bür-
gerin von geschlechten zu Augs-
purg, Herren Lucassen Fuggees
andere Eeliche hausfraw.

Herr Lucas Fugger Andreas Fuggers ehelicher Sone, welcher zway Eeweiber, ein Döringerin, vnd ein Göntzelmennin, zu der Ee gehabt, vnd mit jnen baiden etliche vil kinder ehelichen überkomen vnd erzeüget hat, wie die dann hernach gesetzen werden.

Diser Lucas fugger hat ainen gewaltigen handel in grossem glauben vnd vertrawung von Venedig aus, auf Leiptzig, vnd Seesteten, auch Niderland zu, mit Speczerien, seiden, vnd wüllein gewand, sambt seiner Gesellschaft vnd Sone, geübt vnd getriben, Hans Keller, Marx Anselich, vnd Marx Zimmerman, waren seine Principal fierer vnd mithandler, vnd hat jme sambt seiner Geselschaft dermassen in dem handel so wol gelungen, das die als die reichsten Fugger von menigclich beschrait vnd berüeft gewesen sein.

Seinen Tail Erbguts, Nemlich, Acht vnd zwaintzig Tagwerks Wisma, ds auf dem Leeßfeld bey Graben gelegen, sambt andern güettern mer, hat er mit Jacoben Fugger von der Lilien seinem Bruder, ungetailt lange Jar jnnen gehalten, Biß zuletzt, sie den herren Fuggern von der Lilien gar zükauffen gegeben worden sind.

Ein gar schwerer unfall ist zu letzt auf jn gewachsen. Er hatte der Stat Löven in Brabandt, in dreyen Posten, Sechstausent Zwayhundert Vierundvierzig guldin, vnd dreyzehen stüber, auf gnügsame verschreibung, Jn welcher Burgermaister Rat vnd gemaindt, sambt aller Jrer Rent, Zins, Nüzgellt vnd einkomen, Auch allen freyhaiten Recht vnd gerechtigkaiten verleibt, auch die Herren des Rats mit Namen benant, vnd Sechsundzwaintzig reich Burger darzu zebringen gesetzt, auf Interesse fürgestreckt vnd gelichen, Er mochte aber onangesehen seiner brief vnd Sigil, in langen vnd vil Jaren, kain bezalung von jnen bekomen, Vnd als er durch vil müehe, arbait vnd uncosten, in acht Jar, durch zwing vnd peen, nichts erlangen künde, ist die sach zuletzt an das Kaiserlich Chamergericht gewachsen, daran die sach so lang gehangen, das schier noch halb sovil darauf gangen ist, vnd gar wenig haubtguts daran erlangt hat. Dise handlung hat vast zu seinem abnemen gedienet. Dann nach seinem absterben sein son auch Lucas genant, so ein Ridlerin zu der Ee gehabt, hernacher auch in dergleichen unfäll gefallen, Vnd zu dem, das jme etlich zu vast zugesetzt, vnd nach seinem verderben getracht, vnd auch sein Sone Matheus Fugger in dem Gartsee ertruncken, Aus disem allem ist diser Fuggerisch handel von dem Rech, schier gar erloschen vnd verdorben, vnd habent die kinder hernach handwercker lernen muessen. etc.

Das Haus bey der Wag am Weinmarckt, welches Marx Oberin besitzet, hat er Anno 1480. von newem erbauet, Zehen Jar ist er vier vnd alter Zunftmaister von Webern, vnd gemainer Stat Einnemer Über Jar, vnd Zwelf Jar, ein Ratsgeb gewesen, also das er Jn vier vndzwaintzig Jar den Rat zu Augspurg in ehrlich wesen besessen hat.

Jnn dem 1439 Jar ward er geboren, vnd als er funfundfünfftzig Jar mit Got vnd eeren erlebt, ist er Anno 1494. aus diser welt verschaiden, Dem Got genedig sein wolle. Amen.

Herr Gastel Haug des Ratts, vnd ein habhaf=
ter vnd reicher kauffman zu Augspurg, hat
mit fraw Vrsula Fuggerin, etliche vnd
vil kinder, eelichen erzeuget.

Fraw Vrsula Fuggerin, herrn Andreas
Fuggers eeliche Tochter, vnd Herren
Gastels Haugen eeliche haußfraw ҂.

Herr Jacob fugger, herren Andreas fuggers Ee=
licher Sone, welcher den fuggerischen Wappen=
brief von dem Rech, allain für jne, vnd seine
Brueder, bey Kaiser Friderichen hochloblicher
gedechtnus zu Wien außgepracht hatt, vnd
auch etliche kinder verlassen.

Fraw Ursula Lenin Sigißmunden
Lenin Eeliche Tochter, vnd herren
Jacoben fuggers eeliche haußfraw.

fol. 172r (S. 343) 241

Matheus Fugger, herren Andreas fuggers Ee"
cher Sone, ist ein hinlessiger kaufman gewesen,
ist im handel verarmet, das die kinder haben
muessen Handwerck lernen, Ist zu letst
Im Gartsee ertruncken.

Fraw Helena Müelichin Burgerin
zu Augspurg, Matheus fuggers Ee"
liche haussfraw.

Conrat Schneider ein Kaufman, vnd der
Welser Diener, auch Burger zu Augspurg
hat kaine kinder hinder jme verlassen.

Fraw Walburga fuggerin Herrn Andreas
Fuggers Eliche Tochter, vnd Conraden
Schneiders Eliche haußfraw, Ist nach ab=
sterben jres haußwirts, Inn das Closter zu
Sant Martin zu Augspurg komen, vnd
darinnen gestorben.

Hans Fugger ist zu Nürnberg ein kaufman gewesen, vnd hatt alda gewonet, vnd daselbst zu Nürnberg zway Eeweiber gehabt, mit denen Er vil kinder gehabt, die auch Eelich verheirrat seindt.

Fraw Hester Aschenlawerin aines seidenkramers tochter zu Nürnberg, Hansen Fuggers erste Eeliche hausfraw.

Fraw Veronica Sporerin vonn Nordlingen burtig, Hansen Fuggers anndere Eeliche hausfraw.

244   fol. 173v (S. 346)

Junckher Georg Roggenburger von Ulm
burtig ein kaufman und Burger zu Augspurg hatt etliche kinder eelichen erzeuget.

Fraw Felicitas Fuggerin Herren Andreas
Fuggers Eeliche und letste tochter, und
Georgen Roggenburgers Eeliche haus-
fraw.

End der dritten Linien.

Anfang der vierten Linien.

Lucas Fugger der Jünger Lucassen Fuggers des Rats eelicher Sone, welcher mit Junckfraw Justina Ridlerin Anno 1489 sein hochzeit zu Augspurg gehabt, und etliche kinder eelichen mit Ir Erzeüget.

Fraw Justina Ridlerin, Herren Frantz Ridlers Burgers zu Augspurg eeliche tochter, und Lucassen Fuggers Eeliche haußfraw.

Marx Fugger Lucassen Fuggers des
Rats eelicher Sone, ist jung gestorben.

Matheus Fugger, Herren Lucassenn
Fuggers des Rats Eelicher Sone, Ist
jnn der Jugent gestorbenn.

Hans Fugger, herren Lucassen Fuggers
des Fatts Eelicher Sone, Ist vnuerheirat
gestorben

Anthoni König Zolner vnter dem Rotenthor zu Augspurg, hat mit fraw Anna fuggerin, Lucassenn Fuggers des Rats eeliche Tochter auch etliche kinder Eelichen erzeuget.

Fraw Anna Fuggerin, herrenn Lucassen Fuggers des Rats eeliche tochter, vnnd Anthonien Königs Eeliche hausfraw.

Hans Roser Burger zu Augspurg / hat mit fraw Magdalena fug/gerin / herren Lucassen Fuggers des Rats eeliche tochter / etliche vil kinder gehabt / Ist in welschem Landen / in konig Maximilians diensten / umbkomen / und haben sein hausfraw und kinder / vil armut geliten.

Fraw Magdalena Fuggerin Herren Lucassen Fuggers des Rats eeliche tochter / und Hansen Rosers Eeliche Haus/fraw / hat nach absterben ires hauswirts zu ergetzligkait ir / und irer kinder / vil hilf und gutthat / von den Fuggerischn von der Lilienn entpfangenn.

Heinrich Dachs Burger / vnd ein
besolter Diener zu Roß / der Stat zu
Augspurg / hat auch etliche kinder
eelicher erzeuget / Zuletst ist Er
auf den einlaß zukomen / verordnet
worden ·

F. Felicitas Fuggerin / Herren Lucassen
Fuggers des Rats Eeliche Tochter / vnd
Heinrichen Dachsen Eeliche haußfraw
Stirbt Anno. 1546.

Junckher Michael Meidel von
Craca, herrn Georgen Turtzo
Diener Im Berckwerck, hat kaine
kinder verlassen.

Fraw Barbara Fuggerin, herren Lu
cassen Fuggers des Rats eeliche tochter
vnd Michaeln Meidels eeliche hauſſ
fraw.

Junckfraw Appolonia Fuggerin, herren
Lucassen Fuggers des tats Eeliche vnnd
letste Tochter, von der ersten frawen er=
boren, Ist zu Maria May zu Mainin=
gen Im Closter Sanct Brigita Ordens
gaistlich worden, auch in bemeltem
Closter Ir leben geendet.

End herren Lucassen Fuggers Kinder
von der ersten frawen erborenn.

Anfang Herren Lucassen Fuggers Kinder von
der andern frawen Eelichem erzeuget.

Gilg Fugger, Herren Lucassen Fuggers des
Raths Eelicher Sone, ist Jung gestorbenn.

Herr Andreas Fugger herrn Lucassen
Fuggers des Rats eelicher Sone, ist in
dem handel der Herren Fugger in
das Königreich Neapels geschickt wor-
den, alda Er aines Freiherren tochter
Cassandra genant, zu der Ee vberkh-
men, vnd mit Jr ainen Son zu Bari
in Neapels wonhaft, noch in leben
Eelichen vberkomen.

Fraw Cassandra ein geborne freyin
des geschlechts Arcamone, von der
Statt Neapolis, Herren Andreas
Fuggers Burgers zu Augspurg Ee-
licher gemahel.

Der Erwirdig vnd Hochgelert herr
Wolfgang Portner / Doctor vnd Tabu-
lier Im gaistlichen Rechten Ist zu
Regenspurg gesessen / hat etliche kin-
der verlassen.

Fraw Margaretha Fuggerin Herren
Lucassen Fuggers des Rats Seligs, vn
von der andern frawen / letsts kind, her-
ren Wolfgangen Portners Eeliche
hausfraw.

Vnd Herren Lucassen Fuggers des
Rats Seligen kinder.

Anfang Herrn Jacobe Fuggers kinder

Herr Andreas fugger, Herren Jacoben Fuggers erster Eelicher Sone zu Regenspurg wonhafft, hat aines Burgers Tochter von Nurmberg, des Geschlechts ein Köplin, mit der Er etliche kinder Eelichen erzeuget vnd vberkomen hat.

Fraw Dorothea Köplin, Georgen Köplins burgers zu Nurmberg Eeliche Tochter vnd Herren Andreas Fuggers Eeliche haußfraw.

Sigmund Fugger wonhaft jm
Joachims Thal hat des geschlechts
ein Blanckenfelderin zu der Ee
gehabt, vnd mit der etliche kinder
erzeuget.

Fraw Elizabeth Blanckenfelderin
von Berlin aus der Brandenbur=
gischen Marck bürtig, Sigmundn̄
Fuggers Eeliche hausfraw.

Junckherr Georg Hauser Pfleger
vnd Ambtman Sanct Kathari=
na Closter zu Augspurg zu We=
rishofen, hat kain khind verlassen

Fraw Anna Fuggerin Jacoben Fuggers
Eeliche vnd letste Tochter, Junckherr
Georgen Hausers eeliche hauſfraw

End Jacoben Fuggers kinder

Anfang Matheus Fuggers Kinder

Sebastian fugger Matheus fuggers
erstgeborner Sone, hat sich zu Pres
law jnn der Schlesien verheirat,
vnd alda gewonet, vnd ist daselbst
mit weib vnd kinden gestorbenn.

Fraw   von Breslaw
aus der Schlesien, Sebastian Fug
gers Eeliche Hausfraw.

Wilhalm Fugger Matheus Fuggers
Eelicher Sone Burger vnnd Gold
schmid zu Augspurg hat etliche vil
kinder verlassen

Fraw Barbara Wannerin Vlrichen
Wanners Statsöldners Eeliche Toch
ter vnd Wilhalmen Fuggers eeliche
haußfraw

Theronimus Fugger Matheus Fuggers eelicher Sone Burger vnd ein Kirsner zu Augspurg hat etliche kinder Eelich verlassenn ⁊

Fraw Walpurga Erhartin / Michael Erharts Bildhawers von Vlm eeliche tochter / vnd Jheronimus fuggers eeliche hausfrauw ⁊

Matheus Fugger Matheus Fuggers Welt-
cher Sone, Ist Im krieg todt beliben

Junckfraw Helena Fuggerin Matheus
Fuggers Eeliche Tochter, ist ein Closter
fraw zum Stern, der dritten Regel San
cti Francisci gewesen,

Hans Werner wonhaft zu Ditmarin=
gen / hat mit Sibilla Fuggerin Ma=
theus Fuggers Eeliche Tochter / etliche
kinder Eelichen verlassenn ⁊

Sibilla Fuggerin Matheus Fuggers
Eeliche Tochter / vnnd Hansen Wer=
ners Eeliche Hausfraw ⁊

End Matheus Fuggers Eelicher kinder.

Anfang Hansen Fuggers kinder.

Gastel Fugger, Hansen Fuggers aus der ersten frawen geboren, Eelicher Sone, wonhaft vnd Burger zu Nurmberg, hat etliche kinder eelichen verlassen, Stirbt A° 1519 zu Franckfort.

Fraw Margaretha Kaltenhauserin, Endrissen Kaltenhausers Burgers zu Nurmberg Eeliche Tochter, vnnd Gastel fuggers Eeliche hausfraw.

Thoman Schentz, Kaufman vnd
Burger zu Nürmberg, hat etliche
kinder mit fraw Magdalena
Fuggerin, Hansen Fuggers eeliche
Tochter, eelichen verlassen, Hat fal=
liert, stirbt im ellend.

Fraw Magdalena Fuggerin, Hansen
Fuggers Eeliche tochter, vnd Thoma
Schentzen Eeliche HaußFraw.

Hans Krug Probiermaister in der Gold vnd Silbergeschaw vnd Burger zu Nürmberg/ hat mit Fraw Vrsula fuggerin etliche kinder Eelich verlassen ⁓

Fraw Vrsula fuggerin/ Hansen Fuggers Eeliche Tochter/ vnnd Hansen Krugs eeliche hausfraw ⁓

Christof Haring von Villach Inn
Kerndten/ wonhaft Inn der Fug=
gerau daselbst/ hat mit Clara fug=
gerin/ hansen fuggers eeliche tochter
etliche kinder Eelichen erzeuget.

Fraw Clara fuggerin/ hansen fug=
gers Eeliche tochter/ vnd Christoffen
Harings Eeliche haußfraw.

Junckherr Jobst Zeller / burtig von
Nurmberg / ist durch herren Jacoben
Fugger von der Lilien / in die Fugge//
raw in Kerndten verordnet / vnnd
von dannen zogen pfleger zu Wolfs//
berg worden / hat mit Helena Fugge//
rin Hansen Fuggers eeliche tochter
etliche vil kinder eelichen erzeuget.

Fraw Helena Fuggerin / Hansenn
Fuggers eeliche tochter / vnd Junck//
herrn Jobst Zellers eeliche hausfraw.

End Hansen Fuggers Kinder von
der ersten Frauen erborenn.

Anfang Hansen Fuggers kinder von der andern frawen erzeuget.

Andreas Fugger, Hansen Fuggers Eelicher Son, ein Burger zu Nurmberg, hat im kaufmanshandel falliertt, Ist auf Sanct Anna Berg zogen, da wonet er noch, hat etliche Eeliche kinder vberkomen.

Fraw Anna Reichlin, Thoman Teichels Burgers zu Nurmberg Eeliche Tochter, vnd Andreas Fuggers Eeliche haußfraw.

Hans Fugger, Hansen Fuggers Eelicher
Son, Ist inn der Herren Fugger von der
Lilien dienst gewesen, vnd darinnen
ledig gestorben

Lucas Sitzinger Burger vnd ein
statlicher Kaufman zu Augspurg,
hat mit fraw Hester fuggerin
etliche kinder eelichen erzeugett,
vnnd vberkomen;

Fraw Hester fuggerin, Hansenn
fuggers letste vnd eeliche tochter,
vnd Lucassen Sitzingers Eeliche
haußfraw;

End der Vierten Linien.

Anfang der funfften Liniem

Herr Bartholme Fugger, Lucassen Fuggers des jungern eelicher Son, hat zu Craca in Polen, herren Paumgratz Gutthaters eeliche Tochter, Anna genant, zu der Ee genomen, ist zu ainer guten hab, jnn .18000. guldin wert komen, hat auch etliche eeliche kinder verlassen, Stirbt A°.1537. an dem schlag.

Fraw Anna Gutthatterin, herren Paumgratzen Gutthaters von Craca eeliche tochter, vnd herren Bartholme Fuggers eeliche hausfraw, Stirbt Anno .1542.

Junckfra Justina Fuggerin, Herren
Lucassen Fuggers Eeliche Tochter, ist
gar jung gestorben

Junckfraw Felicitas Fuggerin / Herren
Lucassen Fuggers Eeliche Tochter / ist vn=
uerheirat jnn Gott verschieden.

Andreas Frey Burger vnnd Gold=
schmid zu Augspurg hat mit fraw
Justina Fuggerin etliche Eeliche
kinder erzeuget Strbt zu Aug-
spurg Anno .1535.

Fraw Justina fuggerin, Lucassen
fuggers Eeliche vnd letste Tochter
vnd Andreas Freyenn Eeliche
haußfraw ⁊

Vnd Lucassen fuggers des Jüngeren
Eelicher Kinder.

Anfang Andreas Fuggers zu Bari In Neapolis eelicher kinder.

Junckherr Gabriel Fugger, herren
Andreas Fuggers, vnnd Frawen
Cassandra seines Eegemahels,
eelicher Sone.

End Andreas Fuggers zu Bari In Neapolis Eelicher kinder.

Anfang Andreas fuggers zu Regen
spurg Eelicher kinder

Stephan Fugger, Herrn Andreas
Fuggers, wonhaft zu Regenn
spurg Eelicher Sone

Paulus Fugger Andreas Fuggers zu Regen-
spurg Eelicher Sone / Ist Jung gestorbenn

Vnd Andreassen Fuggers zu Regen-
spurg Eelicher Kinder

Anfang Sigmunden Fuggers Eelicher kinder.

Paulus Fugger Sigmunden Fuggers Eelicher Sone Ist Inn der Jugent gestorben.

Ursula fuggerin, Sigmunden Fuggers
Eeliche tochter, ist vnuerheirat gestorben.

End Sigmunden Fuggers kinder.

Anfang Wilhalmen Fuggers kinder

Matheus Fugger, Wilhalmen fuggers Eelicher
Sone, Stirbt Inn der Jugent

Wilhalm Fugger Wilhalmen Fuggers des alten Eelicher Sone / Stirbt Anno 1543

Fraw Magdalena Boßin Melchior Boßen Muntzmaisters zu Augspurg Eeliche tochter vnd Wilhalmen Fuggers eeliche haußfraw

Marx fugger ein Goldschmid vnnd Burger zu Augspurg Wilhalmé fuggers Elicher Sone/hat etliche kinder vberkomen

Anna Mairin/Georgen Mairs des Wein schencken zu Augspurg/ Eeliche Tochter vnd Marxen fuggers eeliche hausfraw

Ulrich fugger ein kirsner Wilhal- | Susanna Mollin Hansen Mollen des
men fuggers eelicher sone, hat | schlossers zu Augspurg eeliche tochter
auch etliche kinder vberkomenn | vnd Vlrichen fuggers eeliche hausfrau

Hans Fugger Wilhalmen Fuggers
Eelicher Son, Ist noch ledig bey den
Herren Fuggern von der Lilienn
mit diensten zu Venedig.

Theronimus Fugger Wilhalmen Fuggers
Eelister Sone Ist in der Jugent gestorben.

Conrat Fugger Wilhalmen fuggers Eelicher
Sone/ ein Goldschmid gesell/ ist als Er dem
Handtwerck nachgewandert/ jnn der frembde
gestorben.

Helena Fuggerin Wilhalmen fuggers Ee-
liche Tochter, ist gar jung gestorbenn.

Christof Stern ein Goldschmid, vnnd berüembter Goldarbaiter, auch burger zu Augspurg, hat etliche kinder eelichen erzeuget.

Barbara fuggerin Wilhalmen fuggers eeliche Tochter, vnd Christophen Sterns eeliche hausfraw.

Junckher Sebastian Westernacher
der Herren Fugger von der Lilienn
Castner zu Kirchberg, hat auch etliche
kinder eelichen gehabt.

Katherina Fuggerin, Wilhalmenn
Fuggers eeliche Tochter, vnd Junckher
Sebastians Westernachers Castners
zu Kirchberg eeliche hausfraw.

End Wilhalmen Fuggers des eltern, vnd
Goldschmids Eelicher kinder.

Anfang Iheronimus Fuggers des eltern vnd kirsners Seliche kinder

Wolfgang Fugger Iheronimus Fuggers des
Kirsners Seliche Son ist anfangs gaistlich
gewesen nachmals ein Goldschmid worden
vnd zuletzt mit Kay. M.t für Thunis in krieg
zogen alda er gestorben ist A.º 1535.

Matheus Fugger, Jheronimus Fuggers des Kirsners eelicher Sone, ist ein Gold vnd Silberschaider.

Caspar Ostermair / ein Specereikramer zu
Augspurg hat mit Junckfraw Veronica Fug-
gerin Anno 1545. hochzeit gehalten / zu
welchem verheiraten die herren Fugger von
der Lilien / wie dann auch andern mer
miltigelich beschehen / mit besonderer hilf
der heiratsteur / genaigt gewesen sein / hat
auch etliche kinder eelichen mit Ir erzeuget.

Fraw Veronica Fuggerin / Jheronimus
Fuggers Eeliche tochter / vnnd Caspar
Ostermairs Eeliche haussfraw /

Ursula Fuggerin, Jheronimus Fuggers Eeliche Tochter.

End Jheronimus Fuggers des Kürsners Eelicher kinder.

Anfang Gastel Fuggers Kinder

Gastel Fugger der Junger, Gastel
Fuggers des eltern eelicher Sone, Ist
in India gewesen, Jetzund dem Her-
ren von der Kettin mit diensten
verwandt

Hans Fugger, Castel Fuggers des
eltern Eltister Sone, der zeit zu An-
torf bey Lasaro Tucher mit diensten
verpflicht.

Wolfgang Fugger, Gastel Fuggers des
eltern eelicher Sone, ist ledigs stands,
aber ein hinlessiger nichtiger mensch.

Georg Fugger Gastel Fuggers Eelteher
Sone, Ist jung gestorbenn

Katherina Fuggerin, Castel Fuggers Ee=
liche tochter, Ist Zwelfiärig gestorbenn,

Margaretha Fuggerin, Gastel fug-
gers Eeliche tochter.

End Gastel Fuggers Eelicher kinder.

Anfang Andreas Fuggers auf Sanct Anna Berg Eelicher kinder.

Andreas Fugger Andreas fuggers
des alten Eelicher Sone Ist noch
ledigs Stands wiewol redlich
aber der narunghalben gar nichts
werdt.

Anna Fuggerin Andreas Fuggers ee-
liche tochter.

Veronica Fuggerin Andreas Fuggers
Eeliche tochter

Hester Fuggerin Andreas Fuggers
Eeliche tochter

End Andreas Fuggers Eelicher kinder
vnd end der fünfften Linien

Anfang Bartholme Fuggers Eelicher kinder, vnd anfang der sechsten Linien.

Bartholme Fugger, herren Bartholme
Fuggers eelicher Sone, Ist bey herrenn
Stentzel Gutthäter zu Craca sich hal-
tende.

Lucas Fugger, herren Bartholme Fug=
gers eelicher Sone, Ist zu Craca bey sei=
nem Vettern, herren Stentzel Guttha=
ter wonhaft.

End herrn Bartholme Fuggers eelicher kinder.

Anfang Wilhalmen Fuggers des Gold‍schmids Eelicher kinder

Magdalena Fuggerin Wilhalmen Fuggers des Goldschmids Eeliche tochter

Barbara Fuggerin, Wilhalmen Fuggers
des Goldschmids Eeliche tochter

Anna Fuggerin Wilhalmen Fuggers
des Goldschmids Eeliche tochter

End Wilhalmen Fuggers Eelicher kinder.

Anfang Marxen Fuggers Eelicher kinder.

Anna Fuggerin Marxen Fuggers Eeliche tochter.

Maria Jacoba Fuggerin Marxenn
Fuggers Eeliche tochter

Vnd Marxen Fuggers Eelicher Kinder

Anfang Ulrichen Fuggers des Kirsners Eelicher kinder

Regina Fuggerin Ulrichen Fuggers des Kirsners Eeliche tochter.

Veronica Fuggerin Ulrichen Fuggers des
Kirsners Eeliche tochter

Susanna Fuggerin Ulrichen Fuggers des
Kirsners Eeliche tochter ist jung gestorben

Helena Fuggerin Ulrichen Fuggers des
Kirsners Eeliche tochter

Anna Fuggerin Ulrichen Fuggers des
Kirsners Eeliche Tochter

320   fol. 211v bis fol. 260v: leere Seiten. Hier Abbildung der Papierstruktur und des Wasserzeichens.